L'ALGÉRIE

DEVANT

LE SÉNAT

PARIS. — IMPRIMERIE DE DUBUISSON ET Cᵉ, 5, RUE COQ-HÉRON.

L'ALGÉRIE

DEVANT

LE SÉNAT

PAR

LE Dr A. WARNIER

OFFICIER DE LA LÉGION D'HONNEUR, LAURÉAT ALGÉRIEN (MÉDAILLE) DE L'EXPOSITION INTERNATIONALE DE LONDRES.

> En face de Marseille, nous avons un vaste royaume à assimiler à la France.
>
> NAPOLÉON III.

PARIS

IMPRIMERIE DE DUBUISSON ET Cie

5, RUE COQ-HÉRON, 5

—

1863

AVANT-PROPOS

Les articles qui composent cette brochure n'étaient pas destinés à recevoir d'autre publicité que celle donnée par l'*Opinion nationale* à de simples notes que des amis nous avaient prié de remettre à la rédaction de ce journal.

Ces articles, rédigés avec la rapidité qu'exige la presse quotidienne, loin de notre bibliothèque, loin de nos dossiers de notes, loin de toute source d'information précise, laissent, sans doute, beaucoup à désirer, non au point de vue de l'exactitude des faits et des chiffres, mais au point de vue du nombre des preuves matérielles et des lacunes constatées.

Nous nous sommes décidé, avant leur publication complète, à les réunir en un fascicule, pour arriver à une conclusion avant l'ouverture des délibérations du Sénat. Et puis, nous avons eu l'espoir que l'on pourrait prendre en quelque considération, sinon consulter, à titre de document privé, l'opinion d'un des rares contemporains de la conquête, d'un homme dont la carrière embrasse toutes les situations, depuis le modeste rôle de pionnier de la colonisation jusqu'à la position plus élevée d'administrateur d'une des provinces de la colonie.

Si, dans ce travail, nous avons jugé sévèrement quelques-uns des détracteurs de la colonisation, c'est que nous ne les croyons pas convaincus. Autant nous sommes disposé à rendre justice aux officiers des bureaux arabes, et à tenir grand compte des obstacles parfois insurmontables qu'ils rencontrent fatalement dans l'accomplissement de leur difficile mission, autant nous refusons le bénéfice de l'indulgence à des écrivains anonymes, qui, *en cherchant à dégager la vérité des ténèbres*, ne savent pas même restreindre la critique dans la limite des convenances, jugent de situations qu'ils ne connaissent pas, et déversent, à tort et à travers, le blâme, l'injure même, sur des hommes qui, à défaut d'autre mérite, ont au moins celui d'avoir sacrifié leur fortune et leur vie au triomphe d'une cause qu'ils croyaient nationale.

L'ALGÉRIE

DEVANT LE SÉNAT

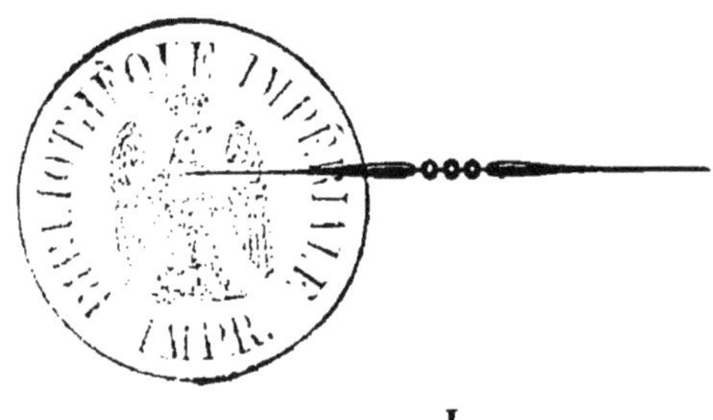

I

SITUATION

L'Algérie appelle à double titre l'attention de la France : une crise générale pèse sur ses affaires depuis cinq années ; le Sénat est mis en demeure, à bref délai, de statuer sur la possession territoriale des indigènes et de donner une Constitution à la colonie. Sol et institutions vont être l'objet d'un remaniement complet. On ne sera donc pas étonné de nous voir consacrer quelques lignes à la défense des intérêts d'un pays auquel toute notre existence a été vouée.

Commençons par le commencement : la situation.

Il est probable que tout n'allait pas au mieux, en

Algérie il y a cinq ans, puisque le gouvernement a cru devoir spontanément retirer au ministère de la guerre la haute direction des affaires de la colonie pour la confier à un ministère spécial, et a chargé le prince Napoléon de la gestion de ce ministère.

Quoique le jugement porté alors par le gouvernement lui-même sur la situation du pays autorise à reporter plus haut la date de la crise actuelle, nous ne le ferons pas, par respect pour le règne regretté de M. le maréchal, gouverneur général, comte Randon.

On le comprendra sans peine, le changement radical opéré par la création d'un ministère spécial ne pouvait produire d'effet utile qu'à la condition de durer.

L'avénement du prince Napoléon, les actes libéraux par lesquels il inaugura une ère nouvelle pour la colonie resteront, historiquement, quoiqu'ils n'aient pas été complétement appliqués, comme un témoignage irrécusable des intentions bienveillantes et éclairées de l'Empereur et de son gouvernement. Toutefois, les promesses de cette époque, en provoquant une immense expansion de l'initiative coloniale, ont eu pour résultat d'aggraver au lieu d'améliorer une situation déjà fort tendue.

Le gouvernement du prince Napoléon passa comme un songe sur l'Algérie. Il n'eut pas même le temps de venir visiter la colonie; mais les adversaires de la politique progressive qu'il représentait avaient eu celui de s'organiser pour la résistance. Sa retraite, objet de deuil pour les vrais colons, fut scandaleusement fêtée dans un cercle d'Alger.

M. le comte de Chasseloup-Laubat succéda au prince Napoléon comme ministre de l'Algérie. Fils et frère de généraux de division, il se laissa trop facilement persuader qu'il fallait ménager l'armée, comme si la véritable armée, celle qui a conquis l'Algérie à la France, avait une autre opinion que les colons sur l'avenir réservé à sa conquête et sur les moyens les plus efficaces de la faire prospérer.

Le nouveau ministre, animé des intentions les plus louables de conciliation, fit quelques concessions, entre autres celle d'abroger une décision de son prédécesseur qui permettait aux Européens d'acheter, en territoire militaire, des propriétés aux indigènes, comme les indigènes avaient et ont encore le droit d'en acheter aux colons, en territoire civil. Ce premier triomphe du parti anticolonisateur devait porter ses fruits.

Quand, à quelque temps de là, l'Empereur vint à Alger avec son ministre, ce qui impliquait l'intention de s'y occuper du pays et d'y laisser des traces de son passage, Sa Majesté ne put même pas y signer un décret organique (1). Tout son temps fut pris par la nécessité de mettre fin à une lutte affligeante entre les fonctionnaires d'un territoire et ceux d'un autre.

Bientôt, le ministère spécial de l'Algérie fut supprimé et remplacé par un gouvernement général, résidant à Alger et réunissant aux pouvoirs des anciens gouverneurs ceux du ministre supprimé.

(1) Le seul décret signé par l'Empereur à Alger dote les hôpitaux civils de concessions territoriales, mais il n'a pas été appliqué, faute de terres disponibles.

Nouvelle crise, greffée sur deux crises antérieures.

Le nouveau pouvoir s'installe. Un certain temps lui est nécessaire pour se reconnaître. L'Algérie attendra. Mais, pendant qu'elle attend, toutes les affaires nouvelles sont suspendues et les anciennes se liquident difficilement.

Dès que la nouvelle administration veut légitimer son institution par des actes, elle reconnaît que, pour asseoir quelque chose de solide, des bases fondamentales lui manquent.

S'agit-il des personnes, en vue de déterminer leurs droits et leurs devoirs réciproques? Elles n'ont pas de statut personnel.

Le Français habitant la colonie ne jouit d'aucun droit, ni en France ni en Algérie.

Il n'est pas électeur, peut-être pas éligible, quoiqu'il ait exercé ses droits électoraux de 1848 à 1851 ; quoiqu'il ait été appelé à voter le plébiscite du 2 décembre, qui délègue les pouvoirs nécessaires pour faire une Constitution ; quoique la Constitution du 14 janvier 1852, ni aucune autre loi, ne lui enlèvent le droit de suffrage dévolu à l'universalité des citoyens français.

Ses enfants nés dans la colonie ne tirent pas à la conscription, sans qu'aucune loi les en exempte, de sorte que, pour ne pas avoir payé à la patrie cette première dette acquittée par tout citoyen français, on peut leur en contester le titre (1).

(1) Tous les Français, nés dans la colonie de 1830 à 1842, ont aujourd'hui dépassé l'âge de vingt ans, sans avoir satisfait à la

L'indigène, qu'est-il? Nos codes ne connaissent pas ce mot. Aussi, que de bizarreries naissent de cette situation! Un indigène est reçu avocat à Paris, y fait son stage, est admis à plaider devant nos tribunaux. Rentre-t-il à Alger? ses collègues lui contestent le droit d'être inscrit au tableau de l'ordre des avocats, et cela, parce qu'il est indigène! Le gouvernement crée en Algérie une école de mousses indigènes, et quand le mousse est devenu matelot, on refuse de l'embarquer sur les bâtiments de la flotte, parce qu'il n'est pas Français.

L'étranger, que pourrait-il être, quand le Français et l'indigène ne savent pas ce qu'ils sont légalement?

S'agit-il du sol? même imbroglio.

La législation musulmane attribue au souverain la propriété foncière des territoires de la plupart des tribus, mais en réserve l'usage à ces tribus, à de certaines conditions, de sorte que l'État, nu propriétaire, ne peut disposer de sa chose et l'indigène ne peut ni aliéner ni améliorer.

S'agit-il des travaux publics? encore des obstacles. Tout : assainissement, aménagement des eaux, création de villages, routes impériales, routes départementales, chemins communaux et de grande communication, est, dans de certaines limites, subordonné à l'exécution du réseau général des chemins de fer, décrété, concédé, affaire qui marche lente-

loi du recrutement, et ils commencent à être nombreux. Par ce côté égalitaire de nos institutions, ils ne sont pas Français au même degré que leurs frères nés en France.

ment, péniblement, parce qu'il y a des difficultés préalables et imprévues à lever.

L'administration nouvelle, avant de pouvoir agir, s'est donc vue dans la nécessité de commencer par étudier des questions de premier ordre.

Qui dit étude dit temps, et le temps coûte cher à la colonie, par les intérêts usuraires qu'elle paye à ceux qui lui ont prêté le concours de leurs capitaux.

Enfin, après deux années de travaux très méritoires pour ceux qui les ont entrepris, l'Algérie est à la veille de toucher à une solution.

Solution pour les personnes, par une Constitution dont le projet, pour devenir loi d'État, n'attend qu'un vote du Sénat.

Solution pour le sol, par un projet de Cantonnement général qui devait faire cesser l'indivision entre l'Etat propriétaire du fond et la tribu collectivement usufruitière de la surface (1), et auquel

(1) Voici, sur cette question capitale, l'opinion personnelle de M. le maréchal duc de Malakoff. Elle peut être considérée comme l'Exposé des motifs du projet de Cantonnement, aujourd'hui abandonné.

« Sous le gouvernement turc, les tribus algériennes étaient à la merci du Dey, qui les plaçait et déplaçait au gré de sa politique ou d'après les nécessités du commandement et de la police du pays. Des garanties, il n'y en avait pas plus pour les biens que pour les personnes ; à ce régime, le seul que les tribus puissent invoquer dans le passé, si loin que remonte leur histoire, le gouvernement français veut faire succéder un état de choses stable et régulier.

» La nationalité des Arabes n'existait pas plus que les droits collectifs de propriété qu'on leur attribue, avec des définitions

on a substitué depuis un projet de Sénatus-Consulte dont le principal article propose de rendre les tribus propriétaires incommutables des terri-

puisées dans des codes et dans des jurisprudences qui n'ont pas été faits pour eux et qu'ils ne connaissent pas.

» Au lieu de s'appesantir et de discuter sur des nuances de formes, il faut dire : L'Algérie cultivable renferme près de 20,000,000 d'hectares. Elle n'a que 3,000,000 d'habitants. La propriété y est généralement sans valeur, frappée d'immobilité, de main-morte.

» *D'immenses parties du territoire sont incultes, couvertes de bois ou de broussailles, composées de terres vagues qui, à toutes les époques et sous toutes les législations, ont été considérées comme vacantes et sans maîtres.* La population souffre de cette situation, digne des temps barbares qui lui ont donné naissance et dont elle perpétue la durée : nous lui devons un meilleur sort.

» Il faut dire encore : *Tout nous commande de fixer en Algérie une population européenne nombreuse et forte,* d'abord pour transformer le sol, ensuite POUR LE CONSERVER. — L'effectif de l'armée ne pourra toujours être maintenu à son chiffre actuel. Il faut prévoir le jour où il aura diminué et *mettre dès lors nos établissements en état de se défendre eux-mêmes,* aussi bien contre des attaques extérieures que contre des soulèvements intérieurs.

» Et comme il peut y avoir place pour tout le monde, sans sacrifier absolument aucun intérêt à un autre, il faut, de toutes les exigences qui se produisent, faire une cote mal taillée : donner en père de famille la terre à celui qui est à même d'en tirer parti ; en assurer la propriété incommutable à celui qui a déjà su la mettre en valeur : à défaut, offrir de justes compensations ; faire entrevoir à chacun les moyens d'améliorer sa situation, en se défiant, toutefois, des *velléités cupides* qui s'agitent autour de l'Administration.

» Enfin, il importe d'atteindre ces résultats par les moyens les plus simples, les plus expéditifs et les plus économiques : ceux-là seront toujours les plus justes. »

Extrait des procès-verbaux des délibérations du Conseil du gouvernement de l'Algérie.

toires dont elles ont la jouissance traditionnelle.

Solution pour les travaux publics par un projet de fusion de la Compagnie des chemins de fer algériens, dont l'impuissance est démontrée, avec une des grandes Compagnies françaises, la *Méditerranée* ou le *Midi*, qui ont fait leurs preuves et qui offrent toute garantie au gouvernement.

Mais voilà qu'au moment où l'Algérie croit toucher à la fin d'une crise exceptionnelle, surgissent des protestations énergiques, émanées d'hommes qui se prétendent le droit de faire autorité dans la question, protestations qu'on peut résumer ainsi :

Pas de Constitution, pas de règlement de la propriété, pas de chemins de fer.

A quoi bon?

Le statut personnel des indigènes est réglé par la capitulation d'Alger et par les engagements pris vis-à-vis des tribus au moment de leur soumission. Ils sont RÉGNICOLES, dit-on, et, à ce titre, leur droit de rester ce qu'ils sont est absolu. En déclarant l'Algérie française, le gouvernement a proclamé l'inviolabilité de la propriété aux mains des tenanciers.

S'il n'y a pas place pour les colons français ou étrangers, pourquoi statuer sur leur état politique, pourquoi, surtout, dépenser de l'argent en chemins de fer?

On va plus loin encore :

On conclut à l'impossibilité de la colonisation agricole de l'Algérie par des Européens, à raison de l'insalubrité du climat et de l'infécondité des terres.

On oublie volontairement que ce beau pays a été habité, pendant des siècles, par des Européens et dans des conditions de salubrité, de prospérité et de grandeur telles que le séjour en était interdit aux proscrits ; on oublie qu'il a été jadis le grenier d'abondance de l'Empire romain, c'est-à-dire de toute l'Europe occidentale.

Pour oser démentir ainsi l'histoire, on invoque les faits produits par la crise actuelle, comme si ces faits ne démontraient pas la vitalité de la colonisation, sa puissance irrésistible, au lieu de *l'humiliante négation* dont on parle.

Une colonie naissante qui résiste à de telles épreuves révèle sa solidité.

II

CARACTÈRE DE LA CRISE

Il importe de bien définir le caractère de la crise que subit en ce moment l'Algérie.

En France, on l'attribue généralement à notre inexpérience en matière de colonisation;

Le gouvernement ne sait trop à quoi l'imputer;

Les colons, par suite du régime de tutelle auquel ils sont soumis, sont naturellement disposés à en rendre l'administration exclusivement responsable.

Là n'est pas toute la vérité, tant s'en faut. Heureusement, il est facile de substituer la lumière aux ténèbres.

En vingt ans, 200,000 colons ont créé ou restauré **TROIS CENT TRENTE** villes (1), bourgs ou vil-

(1) La restauration des villes mauresques a coûté à la colonisation beaucoup plus que la création des villes nouvelles, car il a fallu d'abord démolir pour reconstruire ensuite.

lages, couvert de fermes, d'usines, de chantiers, de centres d'exploitation de très grands espaces; défriché, assaini, planté d'immenses étendues de terrain, beaucoup plus considérables que le chiffre de la population européenne ne peut le faire supposer, plus peut-être qu'il ne le comportait.

Ce qui ailleurs a été l'œuvre des siècles s'est exécuté là avec la rapidité des transformations modernes.

Mais tout cela ne s'est pas fait sans argent, sans beaucoup d'argent.

Incontestablement, les immigrants ont apporté avec eux une partie de ce capital; ils l'ont augmenté sur place par le produit journalier de leur travail et de leur intelligence; mais dès que chaque colon s'est trouvé, par la fructification de son apport personnel, dans la condition d'offrir des garanties matérielles au crédit, il en a usé, soit pour améliorer son œuvre, soit pour prendre part à de nouvelles entreprises.

Or, en Algérie, l'intérêt légal est de 10 p. 100, et la moyenne des prêts est supérieure à ce taux.

Les éléments certains d'appréciation (1) manquent

(1) Le tableau de situation des 181 centres de population fondés par les soins de l'administration, à la date du 21 décembre 1856, estime à 54,361,325 fr. la valeur des constructions.

Le matériel roulant et le bétail de ces villages sont simplement énumérés et non estimés en valeur; mais, d'après les prix moyens connus, le matériel roulant représenterait une somme de 4,171,340 fr., et le bétail, 10,472,305. Ces trois chiffres réunis donnent un total de 69,004,970 fr.

La valeur des terres, des plantations, du mobilier domesti-

pour estimer la valeur de la richesse générale des colons, tant en meubles qu'en immeubles ; mais d'après le chiffre total des polices d'assurances mobilières et immobilières, qui s'élève déjà à près d'un milliard — non compris les terres et les matières commerciales courantes qu'on n'assure pas, — il est très probable qu'elle s'élève à un milliard et demi, si ce n'est deux milliards.

Prenons pour base le chiffre d'un milliard et demi.

Environ le tiers de cette valeur, soit 500 millions, est dû à des étrangers, résidant en France pour la plupart.

Ce chiffre ne peut pas être plus élevé, car généralement les prêts ne sont consentis qu'à raison de 50 p. 100 du gage offert par l'emprunteur. Il est probable même qu'il est inférieur, car beaucoup de propriétés sont franches d'hypothèque ; mais, pour l'intelligence de notre démonstration, nous maintenons à 500 millions le total de la dette coloniale, pour tenir compte de compensations qui ne peuvent être appréciées ici, telles que la différence entre le taux légal de l'intérêt et celui du taux réel, les avances faites par les familles, etc., etc.

que, de l'outillage rural, des récoltes pendantes, reste en dehors de ces estimations.

Tel est l'avoir, en 1856, de la portion la plus besoigneuse de population, de celle qui souvent, en arrivant dans le pays, n'a apporté d'autre capital que celui de ses bras.

La principale richesse, on le devine, est dans les villes, dans les établissements commerciaux et industriels et dans les 1,398 fermes de la colonisation libre. Pour l'estimation de cette richesse, les documents de détail manquent.

Donc, bon an, mal an, à l'intérêt de 10 pour 100, les 200,000 colons algériens, pour faire face à leurs engagements, ont à prélever, sur le produit de leur travail, une somme de 50 millions, qui sort généralement du pays pour venir en France.

De plus, ces 200,000 colons doivent pourvoir à leurs propres besoins d'entretien et de nourriture, et à raison de 75 centimes par tête et par jour, — chiffre minimum pour une population active, jeune, dans laquelle les commerçants, les propriétaires et les professions libérales dominent, — c'est encore un second total de 50 millions et plus qu'il faut trouver.

Quand les affaires vont bien, quand la colonisation s'accroît par l'adjonction de nouveaux territoires, quand la récolte est bonne, quand l'effectif de l'armée est au complet et dépense son budget dans la colonie, quand les travaux publics donnent de l'activité à tout, l'obligation imposée à 200,000 individus de produire annuellement 100 millions n'est rien, car le chiffre moyen par individu n'est que de 500 fr., et, à la rigueur, le milliard de valeurs que possèdent en propre les colons produit cette somme.

Mais quand la récolte est au-dessous de la moyenne, comme depuis trois ans; quand le progrès de la colonisation est arrêté faute de terres; quand, par suite de modifications successives dans les divers rouages gouvernementaux, les solutions administratives se font attendre; quand l'effectif de l'armée est réduit pour fournir des contingents à la guerre d'Italie et du Mexique, les jours n'en succèdent pas moins aux jours, les mois aux mois et les années aux années ; et si cet état de choses dure cinq ans, c'est 250 millions sortis du pays pour payer des intérêts, c'est 250 millions consommés avec un déficit dans la reproduction des capitaux.

Des malaises se manifestent alors, et ceux qui sont trop engagés succombent.

D'ailleurs, pour une colonie naissante, comme pour l'enfance, ne pas grandir, être arrêté dans son développement, est déjà une maladie qui réclame les secours du médecin.

Cependant, quoique la crise emprunte sa gravité surtout à sa durée, il ne faut pas que le mal produit soit aussi considérable que le disent les adversaires de la colonisation, pour qu'à Oran, en quelques jours, on ait trouvé dans les ressources locales les éléments d'une Compagnie pour faire concurrence à celle constituée en Angleterre pour l'exploitation des 25,000 hectares de la Macta, avec offre de dépôt immédiat du cautionnement et de justification de la disponibilité du capital nécessaire à la colonisation de cette contrée.

Ce fait n'est ni isolé ni exceptionnel.

A Alger aussi, on a vu, il y a quelques mois, la Compagnie anglaise du boulevard de l'Impératrice rechercher et obtenir le concours de capitaux de la localité.

La résistance des actionnaires de la Banque de l'Algérie à admettre l'émission, en dehors d'eux, des nouvelles actions de cette institution, quoique la somme complémentaire à atteindre soit de six millions, est encore une preuve que l'Algérie, quoique souffrante depuis cinq ans, n'est pas encore à la veille de déposer son bilan, ainsi qu'on le prétend.

Au fond, la situation de l'Algérie, quoique tendue, est bonne en soi et doit continuer à inspirer confiance. Le seul côté critique de ses affaires est de payer d'énormes rentes à des personnes qui ne les mangent pas dans le pays; mais si la colonie souffre de l'absentéisme de ses commanditaires, la France n'a qu'à se féliciter de trouver un placement aussi avantageux et aussi solide.

Tous les colons comprennent très bien que l'Algérie tend à s'assimiler à l'Irlande par le chiffre de sa dette à la métropole et par l'envoi annuel en France de rentes qui absorbent le plus net de leurs revenus. Mais c'était inévitable au début de la colonisation. Toutefois, les Algériens ne sont pas des Irlandais, et ils savent réagir, dans la limite du possible, contre la nécessité de se constituer tributaires des capitaux étrangers; et c'est pour ne pas voir les bénéfices réalisés sur la colonisation de la Macta, sur l'entreprise du boulevard de l'Impératrice, sur les opérations de la Banque de l'Algérie, franchir la mer, sortir du pays, qu'ils opposent compagnie à compagnie, capital à capital.

Le devoir du gouvernement est de favoriser cette heureuse tendance; aussi, ne sommes-nous pas étonné d'apprendre que ses plus vives sympathies sont acquises à la Compagnie oranaise de la Macta. De même, nous sommes convaincu que M. le ministre des finances ne se prêtera à aucune combinaison qui aurait pour résultat de priver les Algériens du nombre d'actions de la Banque qu'ils peuvent souscrire pour les donner à des actionnaires étrangers.

Désormais, le caractère de la crise algérienne est bien défini. La colonie est dans la position d'un riche momentanément dans la gêne parce que toutes les affaires dans lesquelles il est engagé subissent un temps d'arrêt.

Pour tous les hommes de bonne foi et impartiaux, cette crise, la manière dont elle a été supportée, témoignent d'une force intrinsèque qu'on n'eût pas soupçonnée il y a cinq ans, c'est-à-dire à l'époque où le maréchal Randon, après sept années d'un règne laborieux et très utile, quittait la colonie.

Mais, nous dira-t-on, s'il en est ainsi, d'où vient que des personnes qui paraissent également bien connaître l'Algérie adressent des brochures aux sénateurs, aux députés, aux conseillers d'Etat, dans lesquelles on représente la colonisation comme n'existant pas, les colons comme des *gens ruinés*, l'administration civile comme *n'ayant produit ni un homme ni une idée ?*

Il va être répondu à ces calomnies de manière à éclairer tout le monde et à ne laisser aucun doute sur le caractère de l'intérêt rival qui a jeté un pareil cri d'alarme.

III

LES ADVERSAIRES DE LA COLONISATION

Avant d'aborder ce sujet délicat, en ce qu'il touche à des questions de personnes, nous éprouvons le besoin de combattre une erreur généralement accréditée.

En France et en Algérie même, on entend chaque jour dire et répéter que la colonie ne peut prospérer, tant qu'elle sera gouvernée militairement.

La cause de cette erreur est que les dix-neuf vingtièmes de la surface du pays portent improprement le nom de *territoire militaire*, dénomination et division qu'il importe de faire disparaître dans la nomenclature administrative, comme elles ont disparu dans les faits, car, en matière d'administration générale, provinciale et communale, de justice criminelle et même civile par voie d'appel, de finances, de travaux publics, de colonisation, toutes les affaires de ce territoire aboutissent à la direction générale, à la magistrature ordinaire, au domaine, au cadastre, aux contributions diverses, à l'inspection des finances, aux ponts et chaussées, aux mines, aux forêts, tous services appartenant exclusivement à l'ordre civil et faisant partie des services similaires de France.

Comme en France, les actes de ces services sont soumis, sans distinction de territoire, à un contrôle exclusivement civil, qui s'exerce :

En Algérie, par le conseil consultatif et le conseil supérieur du gouvernement, pour les affaires qui engagent la responsabilité de l'Etat ; par les conseils généraux, généralement composés de colons, pour l'administration provinciale ; par des conseils municipaux, également composés de colons, partout où la commune est constituée ;

En France, par le conseil général des ponts et chaussées, par la Cour des comptes, par le conseil d'Etat, dans la limite de leurs attributions respectives.

A part quelques exceptions nécessitées par les circonstances, au nombre desquelles figurent l'importance de la population des tribus qui exigent encore une surveillance spéciale, l'éloignement de ces tribus de nos centres administratifs, l'armée n'intervient que pour une part restreinte dans l'administration du pays, et encore les officiers appelés à des gestions administratives sont-ils *hors cadre*, c'est-à-dire détachés de l'armée proprement dite, et considérés comme étant en mission.

Donc l'armée reste en dehors des controverses qui agitent en ce moment l'Algérie. S'il fallait lui assigner une opinion, nous n'hésiterions pas à dire que toutes ses sympathies sont acquises à la cause des colons.

En effet, si on jette les yeux sur les cadres de l'armée, à tous les degrés de la hiérarchie, ils ne rappellent que des services rendus à la colonisation.

C'est au maréchal Randon et au maréchal Vaillant qu'on doit le décret de principe de l'œuvre éminemment civile des chemins de fer.

L'étude des centres de population européenne à créer dans les provinces de Constantine et d'Oran est due, en grande partie, au maréchal de Mac-Mahon et au général de Martimprey.

Notre gouverneur, M. le maréchal duc de Malakoff, disait, il y a un an, au sein du conseil supérieur de la colonie :

« Tout nous commande de fixer en Algérie une population européenne nombreuse et forte, d'abord pour transformer le sol, ensuite pour le conserver. »

Cette année, dans la séance du conseil général du 3 octobre dernier, le général Yusuf, commandant supérieur de la province d'Alger, concluait à l'adoption de toute mesure tendant « à faciliter l'introduction des Européens au milieu des tribus arabes, pour y vivre mêlés aux populations indigènes ». Il était amené à cette conclusion parce que l'ensemble de ses observations personnelles l'avait convaincu « que le pays ne peut réellement prospérer que par le contact régulier et le frottement réciproque de l'élément européen et de l'élément indigène. »

Le général Desvaux, commandant supérieur de

la province de Constantine, dans son rapport sur les forages artésiens, récemment publié, est plus explicite encore :

« Les terres fertiles du Hodna (sises dans la région des steppes), arrosées par les fontaines jaillissantes, seront un jour *le diamant de la colonisation européenne.* »

Et en terminant son rapport :

« Si on complète cette œuvre, on aura préparé la solution du grand et difficile problème de la colonisation, en trouvant place pour les Européens et les indigènes. »

Nous devons renoncer à tout énumérer; toutefois, nous n'oublierons pas de rappeler que, tous les ans, à l'époque de la moisson, quand des militaires sont mis à la disposition des colons pour les aider dans leurs travaux, chefs et soldats rivalisent de zèle pour multiplier leurs efforts.

L'armée est donc une aide et non un obstacle à la colonisation de l'Algérie, et la colonisation ne gêne pas plus l'armée que si elle n'existait pas.

Ce qui donne le change à l'opinion, ce qui l'induit en erreur, c'est l'administration des indigènes par les bureaux arabes.

Expliquons, pour nos lecteurs français, ce qu'est cette institution.

Pendant la lutte, les officiers qui surent la langue du pays purent rendre de grands services, soit comme guides de nos colonnes, soit comme intermédiaires de nos premières relations avec les populations vaincues.

Leur mérite les désigna pour être les premiers administrateurs des tribus soumises. Mais ces officiers, maintenus dans les cadres de l'armée active, eurent un avancement rapide. On les retrouve bientôt aux premiers rangs : nous citerons seulement les généraux de division de Martimprey, Desvaux, Deligny, Bazaine, Bourbaki, Daumas, Durieu, sans compter Bosquet, Marey-Monge, Duvivier, Walsin-Esterhazy, Rivet, Herbillon, Bedeau, Lamoricière, et autres, ou morts, ou au cadre de réserve, ou à la retraite.

La seconde génération des successeurs de cette pléiade d'élite, sans cesser d'être des hommes ayant le même mérite et pouvant avoir le même avenir, ne sont plus dans les mêmes conditions. D'abord, on ne guerroie plus en Algérie, grâce à Dieu! Puis, en leur qualité d'administrateurs sédentaires dans un cercle, hors des cadres de l'armée active, les officiers des bureaux arabes ne peuvent plus aller en Crimée, en Italie, en Syrie, en Chine, en Cochinchine, au Mexique, concourir à l'avancement réservé aux faits de guerre.

Quand on se sent un mérite réel, et il en faut pour bien diriger un bureau arabe, quand on s'est voué à une mission difficile, entraîné peut-être par la fortune qui a si bien secondé les devanciers dans la carrière, il ne serait pas étonnant qu'on fût un peu prédisposé au mécontentement de s'être trompé en matière d'avancement.

Si à cette désillusion vient se joindre le désagrément de voir chaque jour, par suite des progrès généraux de la colonie, ses pouvoirs, ses attributions contestés et réduits, oh! alors, il devient très probable que l'esprit d'antagonisme prend la place de celui de la résignation dévolu à la fonction :

car, chose fatale, mais logique, le but de la mission des bureaux arabes est le suicide, c'est-à-dire que là où ils ont efficacement rempli leur tâche, ils n'ont plus de raison d'être, et doivent abdiquer entre les mains de l'administration régulière.

En bonne justice, c'est beaucoup demander à des hommes qui, pour la plupart, avaient rêvé un tout autre avenir.

Autre anomalie de la fonction : le dévouement absolu au devoir, réputé vertu dans les autres services, est souvent qualifié très sévèrement et très injustement par ceux dont les intérêts ont à souffrir.

Français, préposés à la tutelle des Arabes, les officiers des bureaux arabes ont continuellement à lutter contre les intérêts français.

Qui n'a pas scruté à fond cette situation délicate ne peut la comprendre. Très souvent, ces officiers ont à juger entre des parties qui ont également raison, à leur point de vue personnel, et des jugements à la Salomon ne peuvent être rendus, ni dans tous les cas, ni par tous les juges.

Quand l'intérêt européen est sacrifié, ce qui arrive et doit arriver souvent, l'Européen récrimine, et de récriminations en récriminations, on en est arrivé, de part et d'autre, à la lutte ouverte. *A l'unanimité, les colons demandent la suppression dès bureaux arabes;* par réciprocité, *les officiers des bureaux arabes,* sinon en totalité, du moins en majorité, *demandent la suppression des colons.*

Le général Daumas, qui peut être considéré comme le fondateur des bureaux arabes, apprécie le danger de cet antagonisme, car au nombre des questions dont il recommande l'étude dans son dernier discours au Sénat, se trouve celle-ci : *Les bureaux arabes doivent-ils être maintenus ou supprimés ?*

Pendant longtemps, il y a eu lutte sourde entre les prétentions des deux intérêts, mais par malheur, vers la fin du gouvernement de M. le maréchal Randon, est advenu le procès Doisneau (1).

Ce procès, tout personnel, dans lequel quelques officiers du bureau arabe ont peut-être eu le tort de pousser trop loin l'esprit de camaraderie, dans l'espoir de sauver la tête ou du moins l'honneur d'un des leurs, a été très injustement exploité par la masse des colons contre le corps tout entier. A partir de ce moment, la scission est devenue flagrante.

Là est le secret des brochures anticolonisatrices qui mettent l'Algérie en émoi ; non pas qu'elles aient toutes pour auteurs des officiers des bureaux arabes, — du moins nous ne le pensons pas, — mais bien certainement elles sont dictées par l'esprit d'hostilité qui les anime.

Il est une autre classe d'ennemis très dangereux pour la colonie, et qui, dans la crise actuelle, pa-

(1) Le capitaine Doisneau, chef du bureau arabe de Tlemcen, on se le rappelle, a été condamné à la peine de mort par la cour d'assises d'Oran, comme convaincu d'avoir, à la tête d'une bande de chefs arabes sous ses ordres, attaqué la diligence de Tlemcen à Oran, et d'avoir assassiné le kalifa de Tlemcen, son interprète et un négociant français qui se trouvaient dans la diligence.

D'après les débats, Doisneau aurait été sollicité à commettre ce crime par la crainte de voir *son avancement compromis*, si le kalifa arrivait à Oran.

raissent faire cause commune avec les bureaux arabes; nous voulons parler de ces agents du gouvernement qui, à chaque remaniement administratif, si fatal à la prospérité du pays, ont obtenu une augmentation de solde, et qui font entrer dans leurs calculs de fortune les modifications nouvelles qui pourront se produire.

La substitution du ministère de l'Algérie au ministère de la guerre a été l'occasion de plus d'un avancement, et la création du gouvernement actuel a élevé au premier rang tel qui était un subalterne.

Nous demandons pardon aux hommes honorables dont la carrière, malgré eux, a profité de ces modifications, d'attribuer à cette cause égoïste une part de l'agitation qui se produit en ce moment en Algérie.

Les auteurs de l'*Algérie pour les Algériens*, et de l'*Algérie française* (indigènes et immigrants) ne voient dans les colons que des spéculateurs, des agioteurs, «qui ne demandent à grands cris le cantonnement des tribus *que pour voir s'ouvrir un vaste champ de spéculation sur les biens ruraux*, et vendre aux indigènes, à un prix élevé, les terres que l'Etat leur aurait données gratuitement; » il doit être bien permis aux colons de se demander si, dans ce cas particulier, on ne prêterait pas aux autres le mal dont on est soi-même atteint.

Ceux qui connaissent les vrais noms des auteurs des susdites brochures savent que si jamais un argument *ad hominem* a pu être légitime, c'est dans le cas actuel, car si les propositions recommandées venaient à être accueillies, les promoteurs de la révolution nouvelle seraient largement récompensés de leurs plaidoyers, sans préjudice des avantages déjà recueillis par eux dans les transformations précédentes.

L'aristocratie indigène, dont les intérêts sont complétement distincts de ceux des tribus, fait aussi cause commune avec les adversaires de la colonisation, pour conserver des priviléges incompatibles avec une civilisation plus avancée.

Mais l'aristocratie arabe et les bureaux arabes ne constituent que de très faibles minorités, et nous doutons qu'un gouvernement libéral, quand il sera mis à même de mieux connaître les véritables intérêts de la masse des colons et du peuple arabe, puisse adopter exclusivement les conclusions de ceux qui, seuls jusqu'à ce jour, ont eu le privilége d'être entendus.

Les paragraphes qui vont suivre éclairciront bien des questions douteuses ou obscures.

IV

OBJECTIONS DES ANTICOLONISATEURS

Nos adversaires disent :

Etant donnée la superficie cultivable de l'Algérie, il n'y a pas place pour les indigènes et pour des colons ;

Y eût-il place, la terre appartient aux Arabes, et on ne peut les en déposséder que pour cause d'utilité publique, par voie d'expropriation et moyennant indemnité préalable.

L'utilité publique n'existe pas, ajoutent-ils, car la France n'a pas intérêt à la colonisation.

D'ailleurs, des Européens, Français ou autres, ne peuvent vivre, en travaillant, sous le climat insalubre de l'Algérie.

De plus, la terre est d'une fertilité inférieure à sa réputation : elle ne peut être utilement mise en valeur que par les bras, les méthodes et les cultures des indigènes.

Echo ému de propositions aussi inattendues, M. le général Daumas a demandé au Sénat de mettre à l'étude les questions suivantes :

« Avons-nous assez de terres pour la colonisation ?

» Par quels points la colonisation touche-t-elle à l'intérêt français ?

» Le climat de l'Algérie est-il salubre? Quelles précautions ont à prendre les Européens pour vivre sous ce climat ?

» La colonisation doit-elle être civile ou militaire, européenne ou française, ou *purement arabe?* »

Après trente-trois ans d'occupation, tout est donc remis en question.

Quoiqu'il nous en coûte de revenir sur des démonstrations éclairées de la plus vive lumière depuis vingt ans, il faut nous résigner cependant à suivre nos adversaires sur le terrain choisi par eux.

Nos lecteurs excuseront des redites, en raison de la gravité de la cause.

PREMIÈRE QUESTION

Demande. — Y a-t-il place pour la France au soleil de l'Algérie?

Réponse. — La superficie totale de l'Algérie comprend soixante millions d'hectares, c'est-à-dire une étendue d'un huitième environ plus grande que celle de la France.

Le chiffre total de la population indigène, d'après le recensement général de 1861, est de

2,793,236. Nos adversaires le portent à 3,500,000. Ne chicanons pas, et adoptons ce dernier chiffre — exagéré d'un quart — comme base de nos calculs.

Le sol se divise en trois zones :

Le Tell (*Tellus* des Romains , la terre cultivable par excellence), environ 14,000,000 d'hectares;

Les Steppes (*Stipa*, nom botanique de la graminée qui couvre cette zone), terres de pacages comparables aux plus riches pampas d'Amérique, qualifiées diamant de la colonisation par le général Desvaux, dans les portions irrigables, environ 6,000,000 d'hectares;

Le Sahara (région des oasis et des grands parcours), environ 40,000,000 d'hectares.

Dans ses rapports avec l'occupation du sol, la population se divise en deux grandes sections, à peu près égales en nombre, savoir :

Les tribus berbères (Kabyles, Chaouia, Oasiens), sédentaires, habitant des maisons, des villages, n'occupant que très peu d'espace, et demandant à l'industrie, au commerce et à l'émigration, les ressources qu'une culture restreinte leur refuse ;

Les tribus arabes, nomades ou mobiles, habitant sous la tente, occupant toutes les parties de l'Algérie qui ne sont pas détenues par les Berbères, vivant principalement du produit de leurs troupeaux, et accessoirement de la culture des céréales.

D'après nos adversaires, « *la Kabylie du Djurjura ne mesure que* 63 *ares de terre à chacun de ses habitants.* » S'il en est ainsi du principal groupe berbère, nous croyons faire une large concession en attribuant à la totalité des tribus berbères, dont la population serait de 1,750,000 âmes environ, un lot moyen de 2 hectares par tête, savoir :

3,000,000 hectares dans le Tell ;
500,000 hectares dans le Sahara.

Reste pour 1,750,000 Arabes, savoir :

11,000,000 h.	dans le Tell, soit	6 h.	28	par tête.
6,000,000	— les Steppes,	3	43	—
39,500,000	— le Sahara,	22	57	—
56,500,000		32	28	par tête.

Faisons remarquer que, si nous avions adopté, comme seuls exacts, les chiffres du dernier recensement, chaque Arabe disposerait de plus de 40 hectares, soit d'une superficie de 280 hectares par famille de sept personnes.

Si le Kabyle du Djurjura se contente, depuis des siècles, de 63 ares par habitant, est-ce une illusion d'espérer qu'il peut y avoir, sur le vaste lot des Arabes, place pour la colonisation européenne, surtout si l'on considère que tout le Tell, moins la superficie à réserver en forêts (environ 1 million d'hectares), que toute la région des Steppes, assimilée avec raison aux parties de l'Australie dont les Anglais tirent de si grandes richesses, n'attendent que de nouveaux bras pour être fécondés? Oui, il y a place en Algérie pour de nombreux colons, et le Sahara lui-même offre des parties spécialement propres à la culture du coton, là où les puits artésiens permettent l'irrigation (1).

(1) Toute la ligne des bas-fonds de la partie du Sahara, comprise entre Ouargla et Tougourt, dans laquelle les forages artésiens paraissent devoir réussir, semble réunir toutes les

Passons à la seconde question.

SECONDE QUESTION.

Demande. — La terre appartient-elle aux indigènes, et peut-on, sans spoliation, en revendiquer une part?

Réponse. — De même qu'il y a en Algérie deux populations : les Berbères, qui y étaient déjà du temps des Romains, et les Arabes, qui y sont arrivés dans le courant du septième siècle, le sabre et le Coran à la main, de même l'occupation du sol est régie par deux législations différentes d'origine et de nature : l'une berbère, l'autre arabe.

Le droit berbère procède du droit romain comme le droit français, et partout où le sol est occupé par des Berbères, il y est possédé à titre privé comme en France; aussi défalquons-nous du total des terres algériennes 3,500,000 hectares appartenant aux Berbères, et dont la colonisation ne revendique pas la plus petite parcelle.

Mais autre est le droit arabe, celui qui régit les 56,500,000 hectares que les Arabes vainqueurs se sont attribués, sans souci sérieux de ces pauvres Kabyles qu'ils réduisaient à 63 ares par tête.

D'après le droit islamique, la terre appartient a Dieu, et son usage seul est réservé à l'homme.

Le souverain, dey, pacha ou sultan, représentant de Dieu, dispose de l'usage dans le deylik;

conditions climatériques que réclame la culture du coton. Des colonies indigènes pourraient bien être fondées dans cette contrée, en vue de cette culture spéciale.

Le bey, représentant du dey, en dispose dans le beylik;

Le kaïd, représentant du bey, en dispose dans la tribu;

Le cheikh, représentant du kaïd, en dispose dans la famille;

Encore, l'usage du sol n'est-il consenti qu'à trois conditions :

Soumission aux volontés du souverain;

Culture ou emploi de la totalité des terres;

Impôt, pour subvenir aux charges de l'État.

Telle est la loi, tel est le droit, le seul que les Arabes puissent invoquer sans renier leur religion.

Nous consacrerons de plus grands développements à l'étude de la possession du sol, traitée ici incidemment.

Si le gouvernement général de l'Algérie succède au gouvernement des deys d'Alger et à ses droits, ce que personne ne conteste, il est moralement et légalement autorisé à faire sur le lot arabe telle part qu'il voudra à la colonisation européenne, car son droit est non-seulement absolu quant au principe, mais il l'est encore par l'inexécution des conditions auxquelles l'usage a été primitivement aliéné.

Est-ce qu'il est une tribu arabe qui, après s'être soumise à notre domination, ne s'est pas révoltée trois ou quatre fois au moins?

Est-ce que l'immense majorité des terres n'est pas inculte et sans emploi?

Est-ce que l'impôt payé par les Arabes, à raison de 6 francs en moyenne par tête, est proportionnel aux charges de l'État?

Est-ce que la conquête, qui a mis fin à la piraterie

sur terre et sur mer, au profit de tous, peut être réputée illégitime?

Est-ce que, devant Dieu et devant les hommes, nous ne sommes pas forcés de conserver cette conquête, pour épargner à l'Europe chrétienne la honte de payer tribut à des forbans barbaresques (1)?

Et quel moyen de conserver l'Algérie, autre que celui d'implanter dans le pays, par la colonisation, une population puissante, qui tienne en échec les mauvaises passions?

Le gouvernement général de l'Algérie pense comme nous sur le bien-fondé de son droit; nous en avons déjà fourni la preuve en reproduisant les principaux passages de l'avis émis à ce sujet par M. le maréchal duc de Malakoff, au sein du conseil supérieur du gouvernement.

Comme nous, il est convaincu que la constitution actuelle de la propriété en Algérie est un reste des temps barbares qui lui ont donné naissance, que perpétuer cet état de choses c'est perpétuer la barbarie, et que l'honneur de la civilisation nous impose le devoir de substituer la propriété incommutable et individuelle à l'usufruit précaire et collectif, aussi bien au profit des indigènes que des colons européens.

Est-il nécessaire d'ajouter que, vaincus sur le

(1) En 1844, la Suède et le Danemark payaient encore tribut au Maroc, pour ne pas voir leurs navires pillés sur les côtes de cet empire, et c'est la France, après la bataille d'Isly, les bombardements de Tanger et de Mogador, qui les a fait affranchir de cet impôt honteux.

En ce moment encore, la Prusse reste sous le coup d'une avanie dont elle ne peut obtenir réparation.

terrain de la législation musulmane, nos adversaires se retranchent derrière un texte de loi française?

Les articles 10 et 11 de la loi du 16 juin 1851 reconnaissent, disent-ils, les droits de jouissance des tribus, et déclarent la propriété inviolable, sans distinction entre les possesseurs indigènes et les possesseurs français ou autres.

C'est très vrai, nous en convenons. Mais le législateur a ajouté à ces articles une clause importante, qu'on laisse dans l'ombre :

Ces droits de jouissance et de propriété sont reconnus *tels qu'ils existaient au moment de la conquête*, c'est-à-dire en 1830.

Quels étaient alors ces droits?

M. le maréchal duc de Malakoff nous l'apprend en termes explicites :

« Les droits de jouissance des tribus étaient à la merci du dey, qui les plaçait ou les déplaçait au gré de sa politique. Des garanties, il n'y en avait pas plus pour les biens que pour les personnes. »

On ne viole donc pas plus la loi française que la loi musulmane en cherchant à faire une place aux colons, tout en améliorant le sort des indigènes.

Place et droit existent.

Voyons les autres objections.

TROISIÈME QUESTION.

Demande. — La France a-t-elle intérêt à prendre cette place en usant de son droit, en un mot, doit-elle coloniser l'Algérie?

Réponse. — A cette question, nos adversaires répondent non, sans donner aucune raison de leur négation; nous, nous répondons oui, et nous disons pourquoi.

Toutefois, nous avons préalablement à faire disparaître deux erreurs capitales, savoir : que l'Algérie est une charge pour le Trésor, et que les indigènes seuls payent l'impôt.

Des chiffres authentiques, ceux du budget de 1861, définitivement arrêté en recettes et en dépenses, videront définitivement la question.

Recettes générales en 1861.

Douanes (1).	5,837,653
Prestations des bateaux corailleurs. .	178,000
Domaine (2).	5,370,062
Contrib. directes et indirectes (3).	21,965,629
Postes.	872,147
Télégraphie.	278,443
Taxes communales (4).	5,880,514
Total.	40,382,448

(1) Recettes ordinaires de douanes et octroi de mer.

(2) Timbre, enregistrement, forêts, pêches, locations et ventes de terres domaniales.

(3) Impôts arabes, licences, patentes, mines, marchés indigènes, etc., etc.

(4) Prestations, taxes des loyers, taxes des chiens, marchés européens, abattoirs, amendes de police.

Sur ce chiffre de quarante millions de recettes générales, la part contributive des indigènes est de :

Au profit	du Trésor.	7,584,487
—	des caisses provinciales. .	5,579,640
—	de la caisse des tribus. .	3,337,450
—	des chefs indigènes. . .	1,704,092
	Total.	18,205,669

Cette part contributive est la seule dont il est fait mention dans la comptabilité des services financiers. Nous l'élèverons, en nombre rond, à vingt millions, pour tenir compte des rares versements que les indigènes font dans les caisses de la douane, du domaine, des postes et de la télégraphie, et qui sont confondus avec ceux des Européens. Reste vingt millions, qui sont soldés par les colons.

La division de ces deux sommes par le nombre d'habitants donne une cote annuelle d'impôt :

De 6 fr. 66 cent. par tête d'indigène ;

De 100 fr. par tête d'Européen.

Cette manière de compter, la seule vraie, en même temps qu'elle établit la différence d'activité des deux populations, démontre que les indigènes, loin de payer seuls l'impôt, doivent être réputés n'en pas payer, par comparaison avec les colons.

Nota. — Le projet de loi portant fixation du budget ordinaire des dépenses et des recettes de l'Etat, en 1864, récemment distribué au Corps législatif, n'estime qu'à 18,800,000 fr. les produits et revenus de l'Algérie. Il est bon de faire remarquer que cette somme ne représente que la part de l'Etat dans les recettes générales, part destinée à couvrir les dépenses afférentes au budget colonial ou gouvernemental qui, en Algérie, tient lieu de budget de l'Etat.

Des recettes, passons aux dépenses. Nous pouvons ici conserver la distinction entre les différents budgets :

Dépenses générales en 1861.

Budget colonial (moyenne annuelle) (1)		18,000,000
Budget provincial (2)		6,353,552
Budget communal	européen civil (3)	8,061,518
	européen militaire (4)	557,859
	indigène (5)	4,557,178
	Total	37,530,107

(1) Gouvernement, administration générale, marine, cultes, instruction publique, justice, finances, travaux publics, colonisation.

(2) Administration provinciale, assistance publique, travaux provinciaux.

(3) Administration et travaux communaux.

(4) Localités non érigées en communes.

(5) Part des chefs indigènes dans les amendes et les impôts, travaux de toute nature exécutés en territoire arabe sur les centimes additionnels.

Excédant des recettes sur les dépenses. 2,852,341

L'Algérie couvre donc, et au delà, ses dépenses par ses recettes propres.

Si maintenant, du total des sommes consacrées en 1861 aux travaux publics, savoir :

Ponts et chaussées	9,484,537 fr.
Génie (travaux civils). . . .	716,205
Bâtiments civils.	1,860,437
Total.	12,061,179

nous défalquions les travaux qui intéressent autant la France que l'Algérie, tels que la construction des ports et des phares, qui, en 1861, a coûté 3 millions 396,286 fr., nous trouverions à la rigueur un excédant de recettes sur les dépenses spécialement coloniales, qui s'élèverait à 6,248,627 fr.

En bonne justice, on doit reconnaître que la marine française, celle de l'Etat et du commerce, a le plus grand intérêt à trouver, entre Malte et Gibraltar, sur une étendue de 250 lieues de côtes, des ports de refuge, de ravitaillement et de radoub, avec des phares pour en éclairer l'entrée, la nuit comme le jour. L'Algérie est moins intéressée dans la question : elle n'a pas de marine.

Dans les tableaux qui précèdent ne figurent pas les dépenses de l'armée, parce que nous ne les considérons pas comme étant imputables à la colonie, attendu que l'Algérie, depuis longtemps, n'a pas besoin d'un effectif moyen de 60,000 hommes pour maintenir les indigènes, désormais soumis et pacifiés. Nous en trouvons la preuve dans les lignes suivantes, extraites du *Tableau de la situation de l'Algérie* (1858-1861), distribué au Sénat et au Corps législatif :

« L'armée d'Afrique a fourni à l'armée d'Italie des bataillons ou des détachements pris dans les régiments ci-après : 3e, 9e, 23e, 41e, 45e, 56e, 65e, 70e, 71e, 72e, 75e, 89e, 90e, 93e, 99e de ligne ; 8e, 11e et 13e, bataillons de chasseurs ; 1er, 2e et 3e zouaves ; un régiment de marche des tirailleurs algériens ; 1er et 2e étrangers ; 5e hussards ; 4e et 7e chasseurs ; 1er, 2e et 3e chasseurs d'Afrique ; une compagnie de pontonniers, cinq batteries d'artillerie, une compagnie d'armuriers, trois compagnies de troupe et une compagnie d'ouvriers du génie, trois escadrons du train, une compagnie d'ouvriers constructeurs, des ouvriers d'administration et un détachement d'infirmiers. »

Si on fait le même dépouillement pour les guerres de Crimée, de Chine, de Cochinchine, de Syrie, du Sénégal, du Mexique, on découvre que l'armée d'Afrique n'est pas une armée d'occupation, mais une école militaire, sur le pied de guerre, dont les régiments sont toujours à la disposition de la France pour certaines éventualités.

Les dépenses de cette école, comme celles des camps de Sathonay, de Châlons, sont imputables aux budgets des victoires de Sébastopol, de Magenta, de Solférino, de Pékin, bientôt de celles du Mexique, et non à celui d'une colonie naissante.

D'ailleurs, les dépenses de cette vaste école de guerre, grâce aux conditions économiques dans lesquelles se trouve l'Algérie, ne sont que d'un million par 10,000 hommes, en sus des dépenses ordinaires des troupes en garnison, sur le pied de paix, en France.

En Algérie, la nourriture d'un homme et d'un cheval coûte moins que dans la plupart des garnisons de la métropole. La colonie rend donc à la France le service de lui tenir en réserve une armée à un prix qui serait dépassé partout ailleurs, car partout la différence du pied de paix au pied de guerre est de plus d'un million par 10,000 hommes.

Nous sommes donc autorisé à défalquer la dépense de l'armée d'Afrique du budget de l'Algérie, et à soutenir que la colonie ne coûte plus rien à la France.

En veut-on des preuves plus concluantes? Voici deux faits significatifs :

En ce moment, les caisses de l'État, dans les principales villes de l'Algérie, refusent au commerce de lui délivrer, contre argent, des traites du Trésor, à dix jours de vue, parce que le ministre des finances n'a plus d'argent à envoyer dans la colonie, même pour les besoins des troupes.

Depuis un an, le gouvernement de l'Algérie est en instance pour être doté d'un budget spécial, limité aux recettes coloniales, et le ministère des finances refuse cette concession, qui aurait cependant pour avantage de bien simplifier l'administration du pays.

Maintenant, énumérons les avantages principaux que la France retire de l'Algérie.

Commerce. — Le commerce général des marchandises a atteint en 1861, d'après le *Tableau de la situation de l'Algérie*, savoir :

A l'importation......	116,600,095
A l'exportation......	49,094,170
Ensemble (1)....	165,694,265

La part de la France dans ce commerce est de 138,953,200 fr.

Cette part a donné du fret à 1,438 navires français, jaugeant 319,493 tonneaux; du transport à toutes nos lignes de chemins de fer; des bénéfices

(1) L'*Exposé de la situation de l'Empire* reproduit, en nombres ronds, les chiffres fournis par le *Tableau de la situation de l'Algérie pour les années* 1858 *à* 1861 ; mais le *Tableau général du commerce de la France*, seul document authentique, puisqu'il émane du service des douanes et résulte de la combinaison des entrées et des sorties, tant en France qu'en Algérie et à l'étranger, donne des chiffres beaucoup plus élevés, savoir :

1860	1861
263,964,249	242,169,950

Quoiqu'il y ait une différence de *cent millions* au profit du commerce de l'Algérie, entre les chiffres du ministère des finances et ceux du gouvernement général ; quoiqu'il y ait présomption d'exactitude pour les plus élevés, nous conservons les plus faibles, afin qu'on ne puisse pas nous accuser d'imiter nos adversaires, qui, entre deux chiffres, n'hésitent pas à prendre le plus favorable à leur cause.

Constatons, toutefois, que, d'après la loi du développement du commerce de l'Algérie avec la France, avant dix ans, ce commerce doit arriver à un million par jour, si la colonisation n'est pas condamnée à périr.

aux négociants et de la main-d'œuvre aux ouvriers de Paris, de Marseille, de Cette, de Rouen, de Mulhouse, de Roubaix, de Nîmes, de Lyon, et autres centres manufacturiers plus ou moins importants.

En trois années, 1859, 1860 et 1861, la valeur des tissus en coton, chanvre, laine et soie travaillés par les ouvriers français, pour les besoins de l'Algérie, s'élève à 101,879,870 fr.

En 1831, le commerce général s'élevait à 7,983,600 francs ; avant 1830, à zéro (1); cependant l'Algérie comptait plus d'indigènes qu'aujourd'hui.

Placement de fonds. — L'Algérie paye annuellement à des rentiers français, disséminés un peu partout, une somme de 50 millions pour le loyer de capitaux qui, en France, rapporteraient moitié moins.

Alimentation publique. — En hiver, la colonie pourvoit de légumes frais la table des riches, et dès que les chemins de fer baisseront leurs tarifs, elle pourra en fournir même aux pauvres.

En été, la précocité de sa récolte en céréales maintient le prix du pain à une taxe inférieure pendant les mois de juillet, août et septembre.

Dans les mauvaises années, elle comble le déficit

(1) D'après les documents consulaires, avant la conquête, le commerce d'importation et d'exportation de la Régence d'Alger avec les autres puissances ne dépassait pas, année moyenne, plus de quatre à cinq millions, et l'Orient entrait dans le mouvement général pour la plus grande part.

de la récolte métropolitaine par les excédants de sa production, et contribue pour une part notable à diminuer la disette.

La crise alimentaire de 1847 eût été conjurée par l'Algérie sans la révolte générale, en 1845 et 1846, de ces braves indigènes, auxquels on serait disposé à sacrifier la colonisation.

Quand les récoltes sont mauvaises en France, elles sont bonnes en Algérie, et *vice versâ*. La raison de cette loi est facile à comprendre : les récoltes en France souffrent de l'excès d'humidité dans les années pluvieuses ; quand il pleut trop sur la rive européenne de la Méditerranée, la rive africaine a aussi sa bonne ration d'eau, mais pour elle ce qui est de trop ailleurs est juste ce qu'il lui faut pour avoir de magnifiques moissons. Sous ce rapport, l'Algérie est donc une annexe précieuse pour la France, car elle la garantit désormais de la famine.

Prépondérance méditerranéenne. — Ceux qui osent dire que la France n'a pas intérêt à coloniser l'Algérie, ont-ils réfléchi au rôle de station intermédiaire, entre l'Océan et la mer Rouge, que l'Algérie est appelée à jouer, le jour où l'isthme de Suez va être ouvert à la navigation ? Ne nous arrêtons pas sur ce point, car nous serions tenté de voir autre chose qu'une grande légèreté dans la proposition de renoncer à la colonisation agricole de l'Algérie. Suez sera le salut de la colonie, si elle avait besoin d'être sauvée.

Considérations générales. — Si, de ce terre à terre de comptes de ménage, par doit et avoir, nous nous élevons aux considérations d'ordre moral et politique qui, seules, doivent diriger la conduite d'une grande nation comme la France ; si nous considérons toute colonisation comme un moyen providentiel de rajeunir les vieilles sociétés par une greffe sur une société nouvelle, jeune et vigoureuse ; si nous constatons l'urgence, en présence de l'envahissement du globe par l'Angleterre et la Russie, de ne pas rester puissance exclusivement continentale, comme la Prusse et l'Autriche ; si nous voulons conserver à la mère-patrie sa prépondérance dans les questions internationales : oh ! alors, la proposition de renoncer à la colonisation de l'Algérie devient presque un crime de lèse-civilisation, quoique ce soit au nom de la civilisation des Arabes que pareil sacrifice soit demandé.

Le gouvernement pense encore comme nous sur ce point, sans quoi les expéditions de Chine, de Cochinchine et du Mexique pourraient difficilement être justifiées.

Hâtons-nous d'en finir avec des objections si mal fondées, et passons à une autre question.

QUATRIÈME QUESTION.

Demande. — Des Européens peuvent-ils vivre en travaillant sous le climat de l'Algérie ? Nos adversaires disent :

« Le climat surtout offre des obstacles sérieux. Des médecins et des agronomes assurent que les races européennes ne peuvent se livrer à un travail continu sous la température élevée de l'Algérie, sans épuiser rapidement leurs forces. »

Réponse. — Nous pourrions nous borner à opposer Hippocrate à Galien ; nous pourrions nous borner à dire : « Regardez les 330 centres de population européenne qui existent en Algérie : comptez les maisons bâties, les champs défrichés et cultivés, les routes qui les relient, les gens qui sont sur ces routes, et si vous demandez à quelle race est dû cet immense effort de travail, on vous le dira. » Mais nous préférons aborder de front la question, afin de venger le climat de l'Algérie des calomnies dont il est l'objet.

Il y a quatre climats dans la colonie :

Celui de la côte, le plus chaud, dans lequel la colonisation européenne a fait ses débuts ;

Celui des hauts plateaux, très salubre ;

Celui des steppes, très salubre aussi, mais peu habité par les Européens ;

Celui du Sahara, salubre dans les parties élevées, inhospitalier dans les bas-fonds. Aucun établissement n'y a encore été fondé.

Les adversaires de la colonisation confondent à dessein ces quatre climats.

Sur le littoral, au début, les premiers colons ont trouvé des terres insalubres, par suite de la stagnation des eaux ; ils en ont souffert. Aujourd'hui, grâce aux travaux d'assainissement exécutés, la mortalité n'y dépasse pas celle du climat de Paris.

Sur les hauts plateaux de l'intérieur, la moyenne de la mortalité a toujours été inférieure à celle des contrées les plus favorisées de France.

Voilà ce que démontrent les statistiques (1).

Sans doute, en Algérie comme ailleurs, les défrichements, l'habitation dans des maisons nouvellement construites sont insalubres; sans doute aussi, en Algérie comme dans tous les pays chauds, les travaux d'assainissement ne s'exécutent pas sans

(1) On lit dans le *Moniteur algérien* du 7 mars 1863 :

Les tableaux du mouvement de la population européenne pendant l'année 1861, les derniers que nous ayons sous les yeux, présentent les résultats suivants :

Dans la province d'Alger, sur une population de 90,383 habitants, dont 49,731 Français, 33,976 étrangers, et une population en bloc de 6,676, on compte pour cette année :

Mariages	831
Naissances. — Garçons	1,742
Filles	1,622
Total des naissances	3,363
Décès	2,583

Soit *un excédant des naissances égal à* 30 0/0 *du total des décès.*

Dans la province d'Oran, nous trouvons des résultats analogues.

Sur une population européenne de 66,223 habitants, dont 32,055 Français, 29,209 étrangers et 4,959 de population en bloc, on a constaté en 1861 :

Mariages	584
Naissances. — Garçons	1,824
Filles	1,429
Total des naissances	2,685
Décès	1,914

L'excédant des naissances sur les décès a donc été de 771, *soit environ* 40 0/0 *du total des décès.*

En ce qui concerne la province de Constantine, l'excédant est relativement moins considérable, mais il a encore son importance.

En effet, sur une population européenne de 49,282 habi-

danger pour la santé des travailleurs. Mais ces causes de maladies, qui fatalement devaient être affrontées par les ouvriers de la première heure,

tants, dont 30,443 Français, 17,332 étrangers et une population en bloc de 1,507, on a compté en 1861 :

Mariages.	470
Naissances. — Garçons	864
Filles	747
Total des naissances	1,611
Décès.	1,353

L'excédant des naissances sur les décès a donc été de 258, *représentant près de* 22 0/0 *du total des décès.*

En résumé, il résulte de ces rapprochements dont nous avons puisé les bases dans les documents officiels, que non-seulement la population européenne présente en Algérie un chiffre de naissances supérieur à celui des décès ; mais encore que cet excédant, surtout si l'on tient compte des causes spéciales et transitoires qui grèvent d'une manière anormale le chiffre des décès, est de beaucoup supérieur à la moyenne fournie par la plupart des Etats européens.

C'est un fait qui, aux yeux de l'économiste, présente une importance capitale, et dont il est facile d'entrevoir les conséquences au point de vue de l'avenir de notre occupation. C'est pour cela que nous avons tenu à le mettre en saillie à l'aide des documents officiels que nous avons sous les yeux, et qui se retrouvent pour la plupart dans le dernier *tableau de la situation des établissements français dans l'Algérie.*

Il ne sera pas sans intérêt maintenant de rapprocher les chiffres que nous venons d'établir pour l'Algérie des moyennes constatées en France.

D'après les derniers tableaux de recensement, on compte en France 1 naissance seulement pour 40 habitants. En Algérie, la population européenne, déduction faite de la population en bloc, qui n'influe pas sensiblement sur les naissances, est en chiffres ronds de 190,000 habitants. Le nombre des naissances, pour l'année 1861, a été de 7,659, c'est-à-dire de 1 sur 25 habitants, ou, en d'autres termes, près du DOUBLE DE LA PROPORTION RECONNUE EN FRANCE.

avant même qu'ils fussent acclimatés, ont en grande partie disparu.

Invoquer aujourd'hui ces souvenirs regrettables ressemble beaucoup à cet autre reproche, adressé naguère au climat algérien, de dévorer tous les enfants immigrés ou nés dans le pays. Le dernier recensement quinquennal nous apprend que le quart de la population européenne est ou venue en bas âge ou née dans la colonie ! Partout, les rues et les écoles regorgent d'enfants à la face rubiconde.

La vieillesse n'est pas plus maltraitée que l'enfance, car en 1856, sur 167,670 Européens, on comptait :

7 centenaires,
20 vieillards âgés de plus de 90 ans,
112 ayant dépassé 80 ans.

Cependant la vieillesse recule ordinairement devant l'émigration.

Tous ces faits sont aujourd'hui connus dans toute l'Europe ; aussi, chaque année, plusieurs centaines de familles étrangères viennent-elles passer l'hiver en Algérie.

D'octobre à fin juin, le climat est l'un des plus beaux du monde. Pendant les mois de juillet, août et septembre, la chaleur est élevée sans doute ; mais l'Europe n'a-t-elle pas trois mois très vilains pendant l'hiver?

En Europe, le travailleur agricole se repose forcément en hiver ; en Algérie, il est à l'œuvre toute l'année, et souvent la nuit est employée aux transports, pour économiser le temps.

CINQUIÈME QUESTION.

Oserons-nous aborder la dernière objection, — le doute émis sur la fécondité exceptionnelle du sol? Non.

Les produits algériens des Expositions de Paris et de Londres (1) répondent victorieusement à des adversaires aux abois. Ce serait, d'ailleurs, faire trop d'honneur à des hommes qui n'ont même pas craint de recourir au mensonge dans des brochures faites pour égarer l'opinion publique.

L'une avance que « les indigènes cultivent *plus de cinq millions d'hectares* en céréales » ; l'autre prétend qu'à l'Exposition de Londres, la commission des

(1) On lit dans le *Moniteur algérien* du 7 mars 1863 :

« Le nombre des exposans algériens était de 745, et celui des récompenses obtenues s'est élevé à 265, dont 155 médailles et 110 mentions honorables.

» Ce nombre est proportionnellement supérieur à celui des récompenses décernées aux produits des colonies anglaises, et représente environ le dixième de celles qui ont été attribuées à la France et à ses possessions.

» Ce sont là des chiffres éloquents, et qu'il nous aura suffi de rappeler en passant pour nous dispenser de revenir sur ce qui a été dit dans ces mêmes colonnes de la variété, de l'importance et de l'excellence des produits par lesquels l'Algérie s'est fait remarquer à l'Exposition internationale de Londres. »

On lit dans le *Times* du 7 juin 1862 :

« La collection des produits de l'Algérie est si complète et si variée, qu'on ne peut s'empêcher de penser que le gouvernement a voulu convaincre ces Français obstinés, qui doutent encore de la valeur d'une telle possession. »

délégués algériens a dû être menacée de dissolution pour manque d'égards envers un de ses collègues indigènes.

Preuves en main, les cinq millions doivent être réduits à deux, et l'histoire de Londres n'est qu'un conte démenti par tous les membres européens de la commission algérienne.

La petite histoire de Londres, invoquée pour donner à entendre qu'il y a incompatibilité de caractère entre les Arabes et les colons, nous amène tout naturellement à l'examen des rapports entre les deux races appelées à vivre à côté l'une de l'autre.

Nous espérons démontrer par des faits très curieux, et généralement inconnus en France, que la colonisation, loin d'être un obstacle à la civilisation des indigènes, a déjà produit d'immenses résultats dans cette voie.

V

CIVILISATION DES INDIGÈNES. — RÉSULTATS ACQUIS.

Nos adversaires, en demandant la suppression de la colonisation agricole et des crédits qui lui sont affectés, espèrent faire ouvrir au budget un chapitre spécial sous le titre : *Civilisation officielle des indigènes*, en remplacement de celui de la colonisation.

Pauvres observateurs ! ils oublient que l'idée de civiliser les indigènes, par la voie officielle, ne date pas d'hier, et qu'à chaque tentative directe le fanatisme officiel est venu se mettre en travers de tous les efforts.

En 1840, le ministère de la guerre a fondé, à grands frais, à Paris, hôtel Marbeuf, avenue des Champs-Elysées, un collége arabe qui a dû être fermé, sans recevoir d'élèves, les parents de nos serviteurs les plus dévoués refusant même de nous confier l'éducation de leurs enfants.

En 1842, on crut pouvoir prendre à l'île Sainte-Marguerite quelques-uns des jeunes prisonniers de la Smala d'Abd-el-Kader, pour les placer à Paris, dans l'institution de Moyencourt. A leur arrivée, ces enfants répondirent à notre sollicitude par une protestation qui mérite d'être consignée :

« Vous avez le droit de nous tenir dans des cachots, de nous tuer même, mais pas celui de nous instruire. On peut nous conduire en classe par force ; nous boucherons nos oreilles avec nos doigts, pour fermer à vos leçons la porte de notre cerveau. »

On ne fit pas violence à ces enfants. On leur apprit seulement qu'en fin d'année ceux de leurs camarades qui avaient bien appris allaient en vacances près de papa et de maman.

Pour mériter cette faveur, ils se mirent à l'étude, et depuis, pendant trois années, après avoir remporté de nombreux prix, ils allaient en vacances à Alger, et revenaient joyeux à la pension.

A peu près à la même époque, à Alger, sous l'administration de M. le comte Guyot, le chef de la religion musulmane protestait énergiquement contre l'ouverture d'écoles mixtes à l'usage des jeunes garçons, et sa protestation, quoique suivie d'exil, fit ajourner la création de ces établissements jusqu'au moment où on cessa de leur donner le caractère d'enseignement civilisateur.

Depuis, n'a-t-on pas vu le conseil général d'Alger, à la demande des membres musulmans de ce conseil, supprimer l'enseignement littéraire dans les écoles de jeunes filles indigènes, et transformer en ouvroir une institution dont la fondation miraculeuse était due à la seule initiative d'une femme dévouée ?

En connaissance de cause, des musulmans n'accepteront jamais l'idée qu'ils puissent penser, agir autrement que leurs pères; à leur insu, ils se transforment, comme tous les autres hommes, au contact d'une civilisation plus avancée.

Quand, dès le début de la conquête, nous avons parlé de nos espérances civilisatrices aux premiers musulmans qui sont venus se ranger sous notre drapeau, ils nous ont répondu :

« Alors même que vous feriez bouillir pendant cent ans de la viande de chrétien avec de la viande de musulman, dans la même marmite, les deux bouillons ne se mêleraient pas. »

Ces braves barbares ignoraient quelle est la puissance de la contagion, ce magnétisme occulte, contre lequel il n'existe pas de préservatif. Constatons ce qu'il a produit, sans le concours d'un budget spécial de la civilisation, depuis que la guerre a cessé, c'est-à-dire depuis vingt ans environ. L'étude est nouvelle et pleine de grands enseignements.

Commençons par la femme, que son isolement devait préserver plus longtemps.

Il y a vingt ans, sa condition dans les tribus était celle d'une bête de somme, à laquelle incombaient des devoirs surhumains.

Fabriquer de ses mains la maison (nous voulons dire la tente) et tous les vêtements de la famille ;

Moudre à bras toute la farine consommée ;

Approvisionner le ménage d'eau et de bois qu'elle allait chercher au loin, sur son dos ;

Soigner les troupeaux, traire toutes les bêtes, convertir le lait en beurre, en fromages, en boissons ;

Préparer, à heures fixes, les aliments de tous.

A cette besogne journalière, elle consacrait 18 heures de travail, et quand elle ne suffisait pas à la tâche, le bâton résonnait sur ses épaules ; aussi voyait-on la femme monogame, épuisée, supplier le mari de prendre une seconde, un troisième épouse, pour augmenter le nombre des bêtes de somme à son service.

Le mari avait droit de vie et de mort : dans les tribus, on égorgeait simplement ; à Constantine, on précipitait, du haut d'un rocher dans un abîme qui a 100 mètres de profondeur ; sur la côte, on enfermait la femme nue, dans un sac, avec un chat, et on la jetait à la mer.

Grâces à Dieu, la situation est bien changée.

La femme est affranchie de la mouture, par le voisinage de moulins européens.

Elle est affranchie, pour la moitié au moins, de la fabrication des vêtemens, par la substitution des étoffes de nos manufactures à celles qu'elle tissait.

Aujourd'hui, presque tous les contrats de mariage, du moins dans les territoires colonisés, stipulent que la femme ne tournera plus la meule et qu'elle ne tissera plus les vêtements que fournit le commerce, ce qui équivaut à six heures de travail de moins par jour, et, comme conséquence naturelle, à la diminution de la polygamie, une femme unique pouvant désormais suffire aux devoirs du ménage.

Aujourd'hui, non-seulement un mari ne peut plus tuer sa femme sans craindre le bagne ou l'échafaud, mais encore il ne peut la battre sans encourir l'amende et la prison.

Une femme voulût-elle pardonner un moment de vivacité, les autres femmes exigent que le coupable soit puni, afin de bien faire consacrer par nos tribunaux leur droit à ne plus être battues.

Dans les villes, notre action a été plus efficace encore. Depuis dix et même vingt ans, des institutrices françaises se sont consacrées, avec une abnégation qu'on ne saurait trop louer, à l'éducation des jeunes filles musulmanes et, de leurs écoles, sont sorties des centaines de femmes qui savent à peu près ce qu'on apprend dans les pensionnats de demoiselles en France.

C'est un bonheur pour nous de constater qu'il y a aujourd'hui, en Algérie, environ un millier de musulmanes sachant lire et écrire le français et l'arabe, là où, il y a trente ans, on comptait par unités celles qui savaient lire et écrire leur langue.

Un exemple entre mille révèlera la part que la femme affranchie prend secrètement à l'œuvre de régénération que nous poursuivons :

Un médecin et un enfant arabe se croisaient sur une route.

— Bonjour, docteur X..., dit l'enfant en bon français.

— Bonjour, mon enfant, réplique le docteur; mais comment sais-tu mon nom, quand j'ignore le tien?

— C'est que tous les jours maman me rappelle le service que vous avez rendu à la famille, et me fait demander au bon Dieu de vous en récompenser.

— Et comment s'appelle ta mère?

L'enfant rougit, mit les éperons dans les flancs de son cheval pour ne pas profaner le nom de sa mère en le prononçant sur une grande route.

Chez les Arabes, dire le nom d'une femme est un manque de respect.

Un mari en colère enlèvera, même en présence d'étrangers, le dernier des vêtements à sa femme, sans le moindre respect pour la pudeur; mais il se croirait déshonoré s'il disait son nom (1).

Le docteur sut bientôt quel était cet enfant et se rappela avoir contribué à la mise en liberté de sa famille, à la suite de faits de guerre qui l'avaient fait tomber en notre pouvoir. Le père l'avait oublié. La mère en avait gardé souvenir et reconnaissance, et transmettait à son fils la pieuse tradition du bienfait.

Autre exemple bien digne d'être signalé.

Un vénérable prêtre, l'abbé Pelletan, doyen du chapitre d'Alger, est mort il y a quelques années. Il est enterré au cimetière Bab-el-Oued. Une simple croix en bois blanc, sans aucune inscription, même sans le nom du défunt, a été pendant long-

(1) Quand un Arabe va chercher un médecin pour donner ses soins à sa femme, il ne dit pas : Ma femme est malade ; il dit : *Ma maison ou ma tente est malade*.

temps et est peut-être encore le seul monument élevé à sa mémoire.

Une vieille Mauresque s'est constituée la gardienne de cette tombe abandonnée, et si elle n'est pas la plus somptueuse de la nécropole, elle est la plus propre, la mieux entretenue. Chaque jour, la vieille vient balayer et prier.

Le secret de ce culte est la reconnaissance : l'abbé Pelletan, dont toute la fortune était consacrée aux malheureux, sans distinction de religion, aura probablement rendu quelque service à cette pauvre femme.

Cette bonne vieille, si elle a des enfants ou des petits-enfants, ne doit certes pas les empêcher d'aller à l'école.

Voici, sommairement, la situation, en 1861, de l'enseignement au profit des jeunes indigènes :

150 élèves, dont 81 internes, suivent les cours du lycée impérial arabe-français, à Alger ;

136 — reçoivent l'enseignement supérieur musulman dans les medersa d'Alger, de Tlemcen, de Constantine ;

30 — fréquentent les cours publics d'arabe littéral, professés par des orientalistes français ;

26,449 — apprennent l'arabe dans les tribus ;

327 — apprennent concurremment le français et l'arabe, également dans les tribus.

Dans tous nos principaux centres, des écoles primaires mixtes donnent le double enseignement à de nombreux élèves ; malheureusement, dans les statistiques, on a confondu, avec celui des élèves européens, le chiffre des indigènes qui les fréquentent.

Une école de mousses, des bourses d'apprentissage en attendant l'Ecole des arts-et-métiers, un cours spécial d'accouchement, des bourses à l'Ecole secondaire de médecine, complètent, par l'application professionnelle, les ressources de toute nature mises à la disposition des jeunes indigènes.

Le fanatisme, basé sur l'ignorance, est donc largement battu en brèche, sans que le drapeau de la civilisation soit officiellement arboré. Patience, et les résultats de cette croisade clandestine ne tarderont pas à se produire.

Si de la nouvelle génération nous passons aux vieux durs à cuire qui demandaient cent ans d'ébullition pour fusionner le bouillon de leur viande avec celui de la nôtre, le progrès est plus remarquable encore, car il n'est dû qu'à la puissance de l'exemple.

Sont employées à l'année, au service des colons, concurremment avec d'autres ouvriers européens, les diverses catégories d'indigènes dont l'énumération suit :

10,000 comme domestiques de fermes, non compris les fermiers partiaires ;
2,204 comme manœuvres, aux mines et aux routes ;
1,286 comme bûcherons dans les forêts ;
2,518 dans diverses industries ;
10,000 alternativement employés aux moissons et au démasclage des chênes-liéges.

Ne sont pas compris dans ces nombres :

Les journaliers qui vont et viennent à la demande du travail agricole, et qu'aucun recensement ne peut atteindre ;

Les corporations de montagnards ou d'enfants du désert, Savoyards et Auvergnats algériens, qui exercent, dans chacune de nos villes, le métier de portefaix, de porteurs d'eau, de commissionnaires, et qui vivent exclusivement du salaire européen : leur nombre ne s'élève pas à moins de 10,000 hommes ;

Les convoyeurs, qui font des transports de marchandises en concurrence du roulage ;

Les bateliers de nos ports, les pêcheurs, les caboteurs ;

Les gens de métier et petit négoce dont la clientèle est principalement européenne.

Ces diverses catégories de travailleurs, en contact journalier avec les colons, sont très nombreuses et augmentent chaque jour.

De l'ouvrier qui, peut-être, est obligé de subir la loi de la nécessité, passons aux hommes riches qui pouvaient vivre en dehors de nous.

A Alger, un des principaux entrepreneurs de travaux publics est un Mozabite, à barbe blanche, sachant à peine signer son nom et calculant ses opérations sur son chapelet ; il emploie des légions d'indigènes dans ses chantiers.

Le principal fabricant d'eaux gazeuses est un Maure, et ses ouvriers sont des coreligionnaires.

La clientèle médicale la plus variée, dans toutes les classes de la population européenne, appartient à un médecin maure qui, malgré les progrès de la science, suit avec foi, et non sans quelques succès, la tradition de Galien (Djalinous), d'Hippocrate (Abou-Krat), d'Avicenne (Abou-Senna) et autres médecins de l'antiquité et du moyen âge. Par correspondance, il traite des malades en Espagne, en Italie, en Belgique, à Paris même.

Un musulman sert Monseigneur l'évêque d'Alger dans les offices religieux.

Dans les mosquées, on prie pour l'Empereur des chrétiens.

Les fonctionnaires musulmans vont à la messe le jour de la fête de l'Empereur; quelques-uns même à la procession de la Fête-Dieu.

Il en est à peu près de même partout. Partout, quand des souscriptions sont ouvertes pour des malheurs publics, pour les inondés du Rhône, par exemple, tous donnent et font remarquer qu'ils donnent librement et de bon cœur.

Partout, quand des Européens courent des dangers, notamment au passage des rivières dont ils ne connaissent pas bien les gués, on voit les musulmans exposer leur vie pour sauver des chrétiens; aussi, bon nombre d'indigènes sont-ils médaillés pour actes de dévouement.

N'oublions pas de mentionner qu'un kalifa, de très haute lignée, offrait de bâtir un magnifique château et d'ouvrir une route carrossable de plusieurs centaines de kilomètres, entre Alger et le manoir féodal, pour obtenir la main d'une demoiselle française.

Il nous semble qu'avant l'ébullition centenaire, le mélange des deux bouillons est bien près de se faire.

Poursuivons et entrons dans le domaine de faits plus généraux.

En 1830, l'usage de la chemise, de la culotte, des bas, était une exception; le thé, le sucre, le café n'étaient guère connus que dans les villes. Aujourd'hui, grâce au bon marché des tissus, hommes, femmes, enfants, ont des chemises et des culottes, quelques-uns des bas. La chaussure en cuir verni commence à se substituer à la babouche.

Dans presque toutes les tribus et sur toutes les routes, on trouve des cafés indigènes.

La charrue Dombasle, que nos paysans français n'ont pas encore tous adoptée, fait aussi sa petite révolution dans les cultures. En 1861, on en a vendu plus de six cents aux indigènes.

Jadis, l'argent provenant des économies était mis en terre, dans une cachette, pour parer à une avanie.

Quand un Turc toussait dans une plaine grande comme celles de la Champagne, tout ce qui l'habitait suspendait ses travaux, se cachait ou fuyait. Sur les routes, pas de sécurité:

A chaque kilomètre, on trouvait des noms de lieux comme ceux-ci : « *Ravin des Voleurs*, *Col des Coupeurs de route*, *Passage du Massacre*, *Fontaine Bois-et-Fuis*. »

A défaut de justice et de gouvernement, le système des représailles était la loi d'individu à individu, de famille à famille, de tribu à tribu.

Avoir une jolie fille ou un beau cheval était un malheur : l'eunuque du sérail prenait l'une et le chef des écuries royales enlevait l'autre.

Le soupçon d'être riche équivalait à la menace de la décapitation.

Sous un tel régime, il n'y avait sécurité ni pour les biens, ni pour les personnes.

Chaque jour, à Alger, des malheureux étaient jetés vivants, pour y périr de la plus affreuse des morts, sur les crocs aciérés qui décoraient l'entrée de la porte Bab-Azoun; chaque jour le yatagan et le bâton répondaient aux plaintes de ceux que la confiscation ou la razzia trouvaient récalcitrants.

Tout colon, quelque peu ancien dans le pays, ne se rappelle-t-il pas avoir vu, même sous la domination française, des têtes tomber sans jugement, et la bastonnade infligée pour la plus petite peccadille, tant on était convaincu, dans un certain monde, celui qui veut aujourd'hui substituer à l'Etat entrepreneur de colonisation l'Etat entrepreneur de civilisation, que l'Arabe avait un besoin inné de la menace continuelle du yatagan et du bâton (1)?

Cependant, grâce aux protestations énergiques des colons auxquels un pareil ordre de choses répugnait, la justice régulière a pu, au grand avantage de tous, être substituée aux exécutions sommaires.

Aujourd'hui, l'argent circule sous la forme de bétail ou de marchandises.

La sécurité est telle sur les routes, qu'un enfant peut aller, pour nous servir d'une expression locale, avec un sac d'or sur sa tête, d'une frontière à l'autre, sans crainte d'être volé.

(1) Voir, à ce sujet, les procès-verbaux des séances de la Chambre des Pairs, en 1842.

La poudre ne parle plus au sein des tribus que pour célébrer des mariages.

Tous les canons de la France peuvent tonner à la fois pour annoncer une victoire, une fête ou une naissance, personne n'est inquiet.

L'ordre, la paix et le calme règnent partout.

Tout cela s'est fait sans budget de civilisation, et malgré le développement continuellement progressif de la colonisation, considéré par nos adversaires comme un élément de trouble, et par nous comme le seul élément de progrès sérieux.

Le gouvernement, sans doute, a une grande part dans cette immense métamorphose, mais la colonisation a aussi la sienne. Sans parler de l'influence qu'une population civile a pu exercer sur les mesures adoptées par le gouvernement, nous trouvons dans le dossier des services des colons quelques apports personnels qui ont bien leur mérite.

Depuis des siècles, les indigènes cultivaient le blé dur, et il n'avait pas, en Europe, la faveur qu'il méritait, parce qu'on le croyait impropre à la panification. Les colons, en en faisant un excellent pain, lui ont donné une valeur plus grande, qui enrichit les indigènes, sans qu'ils en soupçonnent la raison.

L'huile produite par les oliviers du pays, tout au plus bonne à la savonnerie, tant qu'elle a été fabriquée par les indigènes, a vu sa valeur doublée et sa production augmentée depuis que des colons fabriquent cette huile au milieu des oliveries indigènes.

Les mines, inexploitées par les naturels, donnent à la fois et main-d'œuvre aux indigènes et richesse au pays.

Les forêts, jadis incendiées périodiquement pour en chasser les bêtes fauves, aujourd'hui aménagées et purgées de leurs hôtes inhospitaliers, commencent à produire et donnent de très belles espérances pour un avenir prochain.

Les eaux, causes d'infection et de désolation, décuplent la valeur des terres, grâces aux bras des colons, qui les approprient à l'irrigation, et les indigènes profitent de cette plus-value comme les Européens.

Le palmier nain et l'alfa, sans valeur aucune autrefois, sont devenus matière à sparterie, à cordage, à crin végétal, à pâte à papier, et des milliers d'indigènes vivent de la récolte de ces plantes textiles.

Enfin, il y a vingt ans, le prolétaire arabe ou kabyle louait ses bras à raison de 20 fr. et d'un burnous de 15 fr. par an. Aujourd'hui, le même individu gagne, chez les colons, pareille somme en une quinzaine.

En tout pays, le bien-être, la certitude d'en jouir sans trouble, ont toujours été considérés comme une grande cause d'amélioration des mœurs publiques. Certes, le bien-être que trouve aujourd'hui l'indigénat est principalement dû à la colonisation.

Si Abd-el-Kader, à son retour de La Mekke, venait faire un pèlerinage aux tombeaux de ses pères, il ne reconnaîtrait ni son peuple ni son pays, du moins dans les parties colonisées.

Peut-être n'en serait-il pas étonné, car lui aussi a prouvé qu'il avait subi la fascination de la civilisation, quand, à Damas, avec les débris mutilés de ses vieux réguliers, il a sauvé la vie à tant de chrétiens.

Il est inutile, sans doute, de dire que les bons rapports entre les Européens et les indigènes sont réciproques (1). Si l'Arabe et le Kabyle sont venus à nous, ils y ont été sollicités par cette cordialité française qui rend notre nation si sympathique.

En présence d'un doute à ce sujet, nous invoquerions ces fameuses brochures que nous réfutons, et dont les auteurs, Européens, voudraient donner toute l'Algérie aux Arabes, à l'exclusion du colon.

Sans être moins libéraux, les colons sont plus justes. Ils comprennent que l'Arabe est un grand enfant, incapable par lui-même de se modifier, mais susceptible de s'inspirer de tous les bons exemples; c'est pourquoi, dans l'intérêt même de la civilisation de l'Arabe, ils demandent qu'une part légitime leur soit faite au beau soleil de l'Algérie.

Faisons donc connaissance avec ce modeste missionnaire dont les services sont si outrageusement méconnus, contestés, niés.

(1) Voir, à la fin : *Pièces justificatives.*

VI

LE COLON.

En France, on ignore ce qu'il faut de vertu, de courage, de dévouement, pour mériter, par un acte effectif, le titre de colon, en quelque pays que ce soit; et, quoique l'Algérie appartienne à la France, on la connaît, sous le rapport de la colonisation, beaucoup moins bien que les colonies étrangères. La raison en est simple : le colon, absorbé par un travail incessant de création, n'a pas le temps d'écrire, et ceux qui, à côté de lui, ont tenu la plume pour les besoins de la publicité, n'ont jamais appelé l'attention publique que sur des faits de guerre ou sur les mœurs et les coutumes des indigènes.

Nous avons donc une lacune à combler.

En général, le colon est un homme qui, après avoir obtenu en concession ou acheté une terre sauvage, inculte depuis des siècles, à une distance plus ou moins grande de tout voisin, arabe ou européen, a brûlé ses vaisseaux au port pour ne pas se laisser tenter par l'idée du retour dans la mère-patrie et vient, avec sa famille, sa femme et ses enfants, planter sa tente au milieu d'un désert et s'y installe, pour y mourir, si la tâche entreprise est au-dessus de ses forces; pour y vivre, d'abord très mal, puis un peu mieux, puis assez bien, puis très bien, si la fortune seconde ses efforts.

Souvent, pour arriver au lieu de destination, il n'y a pas de routes, si ce n'est quelque mauvais sentier arabe au milieu de broussailles épineuses et, dès l'entrée en campagne, le convoi doit jouer de la hache pour faire tomber les principaux obstacles, et cette tâche qui commence ne finira que le jour où, après une longue attente, l'administration pourra ouvrir une route digne de ce nom (1).

La famille est rendue sur place. Rien pour la recevoir. L'ombre protectrice d'un arbre est considérée comme un temple hospitalier. De suite, il y a lieu d'aviser au premier repas et à la première nuit.

Le premier repas et la première nuit transforment tous les membres de la colonie, depuis la petite fille jusqu'à la grand-maman, en zouave de première classe, grade qu'ils franchiront jusqu'au plus élevé, si Dieu leur prête vie, sur le champ de bataille de la colonisation, c'est-à-dire de la lutte

(1) Il y a, en Algérie, des routes impériales, des chemins de grande communication et vicinaux. Mais l'Algérie est grande et le nombre de points occupés considérable. Malgré les efforts les plus louables, la viabilité laisse encore beaucoup à désirer.

de l'homme contre la terre, lutte qui a été imposée à Adam le jour où il a quitté le paradis, avec la mission de renouveler de ses mains la surface de la terre, *et renovabis faciem terræ*.

Pendant que les uns déballent les provisions, les ustensiles de cuisine, les objets de couchage, les autres vont au bois, à l'eau, ou construisent à la hâte un abri provisoire contre le vent, la pluie, les bêtes fauves ou les rôdeurs.

L'eau qu'en France nous trouvons à chaque pas, pure, limpide, aménagée, il faudra peut-être aller la chercher bien loin, dans une mare boueuse, en attendant qu'on ait creusé un puits (1) ou découvert une source.

Le bois, il en faut un gros tas, car le feu devra être entretenu toute la nuit, si l'on veut voir à quatre pas autour de soi dans un milieu inconnu.

Il y a des grâces d'état pour toutes les situations :

La faim et la soif font trouver excellents le pain durci par le soleil de la route, la soupe enfumée et l'eau même nauséabonde ; la fatigue extrême impose le sommeil à toutes les paupières, malgré la fraîcheur du serein, malgré les cris perçants du chacal et les hurlements de la hyène, malgré les bourdonnements et les piqûres des moustiques et les bruissements des insectes nocturnes, tous animaux dont la susceptibilité nerveuse est surexcitée par l'inva-

(1) La valeur totale des puits creusés par les colons s'élevait à 2,303,539 fr. au 31 décembre 1856.

sion inattendue de l'homme civilisé dans leur domaine séculaire.

En général, la famille s'est pourvue de chiens de garde et de fusils, pour lesquels elle a acquitté les taxes obligatoires, afin d'être en règle avec le fisc; car le colon, qui est réputé ne payer aucun impôt, commence d'abord par être un contribuable.

Soit nécessité, soit besoin d'user d'un droit qu'on a acheté, il est rare que, dans les premières nuits de bivouac, les chiens et les fusils ne donnent des alertes. L'expérience ne tarde pas à faire justice des fantômes; mais, comme toute expérience, elle s'acquiert aux dépens de ses bénéficiaires.

Dès le lendemain de la prise de possession, chacun est à l'œuvre pour la construction d'une baraque, en attendant celle de la maison.

Mais, pour bâtir, que de choses sont indispensables : pierres, chaux, plâtre, sable, eau, briques, tuiles, bois de charpente et de menuiserie, ferrures, etc., etc.? Où trouver ces matériaux, car il n'y a pas marchand sur place? Si tout doit être tiré du dehors, des chemins accessibles aux voitures sont de toute nécessité; si, à défaut de voies de communication qui ne s'improvisent pas, il faut tout créer sur place, c'est un nombre illimité d'industries à organiser.

Sans doute, tous les établissements agricoles de la colonie n'ont pas été placés dans l'alternative ou d'ouvrir eux-mêmes des chemins ou de créer les matériaux dont ils avaient besoin; cependant, nous connaissons, dans un rayon assez rapproché d'Alger (15 lieues environ), des exploitations fondées depuis moins de dix ans qui se sont trouvées dans la double nécessité de s'installer sans aucun concours extérieur et de se frayer elles-mêmes des passages pour l'écoulement de leurs produits; nous avons vu, en 1861, des ouvriers, armés de pelles et de pioches, suivre des voitures chargées de blé jusqu'à 20 kilomètres de leur point de départ, pour aboutir à un chef-lieu de sous-préfecture. Ces exploitations n'ont pas encore de chemins en 1863; il y a deux mois, l'une d'elles a perdu deux voitures : chariots, attelages, chargements, emportés par un torrent à l'entrée d'un village.

Nous ne rendons pas l'administration responsable de sinistres qui pèsent si lourdement sur les finances d'un établissement. Faute de ressources budgétaires, elle est elle-même impuissante; mais nous demandons qu'on n'impute pas à des colons, qui ont opéré des miracles, l'impuissance forcée de l'administration.

Enfin, après bien des obstacles surmontés, le problème de l'habitation de la famille est résolu, et les défrichements commencent.

Le défrichement d'un hectare en palmiers nains exige, en moyenne, le travail d'un ouvrier pendant toute l'année, y compris, bien entendu, le temps consacré aux ravitaillements et aux maladies.

Les bras de la famille, réclamés par d'autres besoins urgents, ne peuvent suffire à la conquête du sol, et la main d'œuvre étrangère, salariée, doit encore être requise, comme pour la construction de l'habitation et de ses accessoires.

Si l'argent ne manque pas, si l'insalubrité qui accompagne toujours les défrichements ne met pas trop de monde au lit, l'entreprise est sauvée; mais que de mécomptes ont lieu : combien de familles ont dû tenter trois ou quatre fois la fortune, sur des points différents, avant de rencontrer les conditions favorables à l'emploi utile de leur activité, de leur énergie et de leur intelligence?

En matière de colonisation agricole, on ne tient jamais un compte suffisant de l'immobilisation des capitaux qu'elle exige. Dans le commerce, une opération est liquidée en trois mois ; dans l'industrie, un délai d'un an suffit pour réaliser un bénéfice ; dans l'agriculture ordinaire, la rotation des récoltes produit un mouvement correspondant dans la caisse; un colon qui entreprend l'appropriation d'une terre sauvage est souvent obligé d'attendre cinq, huit et même dix ans, non pas pour réaliser des bénéfices à affecter à l'amortissement du capital engagé, mais pour en avoir l'intérêt. Heureux celui qui, après la troisième année de prise de possession, peut couvrir la dépense journalière du ménage par le produit de son travail.

Une chose frappe tout observateur impartial dans ce combat à outrance de l'homme civilisé contre la barbarie, résultat de douze siècles d'occupation arabe, c'est l'appui fraternel que tous les colons, depuis le plus riche jusqu'au plus pauvre, se prêtent entre eux. On dirait qu'il y a solidarité générale, cause commune. L'hospitalité la plus généreuse est offerte aux voyageurs; on suspend tous les travaux dans une ferme pour aller tirer d'un mauvais pas, quelquefois à deux ou trois lieues, une voiture embourbée ; on bat la campagne la nuit, avec des falots, pour porter secours à un homme égaré ou tombé malade ; on laboure les champs de la veuve et de l'orphelin ; au besoin on en fait la récolte ; on se prête des semences, des bêtes de travail, quelquefois même de l'argent, à charge de réciprocité, le cas échéant.

Beaucoup peuvent arriver avec l'intention de réaliser la maxime : *Chacun pour soi, Dieu pour tous,* qui ne tardent pas à reconnaître que le patriarchat, c'est-à-dire la solidarité entre associés à une œuvre commune, a été la condition obligatoire de toutes les sociétés humaines à leur origine.

Mais, nous dira-t-on, si l'œuvre de la colonisation est si difficile, il n'y a que des gens perdus, coupables ou fous, qui puissent quitter un beau pays comme la France pour aller disputer à l'Arabe les broussailles de l'Algérie.

Erreur, cent fois erreur !

Le symbole d'Adam et d'Eve, cueillant le fruit de l'arbre de la science du bien et du mal et renonçant aux joies placides du Paradis pour celles plus émouvantes de la colonisation de la Terre, vit encore dans l'humanité, et l'œuvre commencée dès les premiers âges du monde s'est continuée sans interruption jusqu'à nos jours, et se continuera jusqu'à ce que toutes les parties barbares du Globe soient renouvelées par ceux des fils d'Adam et d'Eve qui, à l'exemple de leurs premiers auteurs, veulent se rapprocher du Créateur en perfectionnant sa création, en accomplissant la mission providentielle dévolue à notre espèce : celle de dompter la nature brute.

Les hommes qui, les premiers, se sont voués à la colonisation de l'Algérie appartiennent à toutes les classes de la société française. Et parmi ceux qui ont fondé les principaux établissements agricoles, on compte quelques immigrants millionnaires, des médecins, des avocats, des ingénieurs, des industriels, des agronomes auxquels le plus bel avenir, par leur mérite et leur fortune personnels, était réservé en France. Des sénateurs, des conseillers d'Etat, des préfets, des députés, quelques-unes de nos illustrations littéraires, artistiques, financières, ont de grands intérêts dans le pays, et n'ont pas cru abdiquer leur dignité en prenant la blouse et le chapeau de paille du colon. Les croix de commandeur, d'officier, de chevalier de la Légion d'honneur, honorablement gagnées dans les carrières publiques, ne sont pas rares dans les rangs de la population civile de l'Algérie.

Une mention spéciale est due à ces honnêtes et bons paysans de France et à ces anciens soldats, fils de cultivateurs, que l'appât de la propriété ou le désir de laisser à leurs enfants un plus vaste héritage ont appelés ou retenus en Algerie. Ils composent la presque totalité des petits propriétaires ruraux (1), et leurs familles perpétuent dans nos campagnes algériennes ces bonnes traditions de la mère-patrie qui font l'orgueil de la nation.

Les adversaires de la colonisation, il est vrai, représentent les colons comme des spéculateurs, des agioteurs, des gens auxquels tous les moyens

(1) Sur 15,751 concessionnaires dans les 181 villages déjà créés en 1856, on comptait 10,475 familles d'anciens paysans de France, et 4,465 familles dont le chef avait servi comme soldat ou sous-officier en Algérie.

sont bons pour s'enrichir. Il suffit du moindre bon sens pour comprendre que des parasites ne viennent pas dans un pays où chacun gagne son pain à la sueur de son front.

Le champ de la spéculation et de l'agiotage est vaste, en effet : 400,000 hectares cultivables pour 200,000 Européens, c'est-à-dire 2 hectares par tête, moins que dans les principaux Etats de l'Europe.

Mais, les difficultés inhérentes à l'œuvre elle-même ne sont pas les seules que les colons aient rencontrées en Algérie ; les complications imprévues sont à signaler aussi.

En 1837, la paix est faite avec Abd-el-Kader ; une certaine étendue de territoire est abandonnée à la France; des colons sont appelés pour le peupler ; en 1839, une insurrection générale éclate et tout ce qui a été entrepris, du pied de l'Atlas aux portes d'Alger est perdu, pillé, incendié, ruiné.

En 1845, nouvelle insurrection générale des indigènes, arrivant, de proche en proche, de la frontière du Maroc jusqu'aux portes de Bougie, où Abd-el-Kader se montra pour la première fois.

Nous n'accusons ni le gouvernement de n'avoir pas prévenu ces deux insurrections, ni les indigènes d'avoir cherché à repousser la domination étrangère ; mais nous demandons qu'on ne rende pas les colons responsables du temps perdu et des pertes éprouvées par eux. Dans ces deux invasions, ils ont, sur toute la ligne, démontré aux pillards arabes qu'on n'entrait pas dans la maison d'un colon tant qu'il y avait des vivres, des armes et des munitions pour la défendre (1).

En 1846, Abd-el-Kader est enfin et pour toujours refoulé au Maroc ; on va donc pouvoir coloniser les terres achetées aux Arabes. Pas du tout. Un *veto* du gouvernement répond aux préparatifs de l'initiative individuelle. Les Arabes ont vendu ou des terres qui n'existaient pas ou des terres qui ne leur appartenaient pas ou la même terre à plusieurs.

Une ordonnance royale décide que, dans les trois provinces et dans l'étendue des périmètres colonisables, toute la propriété rurale sera soumise à une reconnaissance administrative, pour être attribuée à qui de droit. Cette opération, après avoir marché assez rapidement de 1846 à 1850, n'est pas encore complétement terminée, car en ce moment même des commissions appliquent l'ordonnance de 1846 dans l'est de la Mitidja, sur le territoire des Isser.

Nous serons indulgents envers les indigènes, et nous accorderons qu'en volant aux colons leur argent, ils continuaient la guerre sainte, avec des armes moins inégales que sur le champ de bataille ; nous ne reprocherons pas au gouvernement d'avoir laissé faire et d'avoir perçu des droits d'enregistrement et de mutation sur tous ces actes de pira-

(1) Près de l'Arba, un colon a défendu seul une ferme contre toute la tribu des Beni-Moussa, et il a fini par lasser leur fureur ; sur l'Oued-el-Hamman, entre Oran et Mascara, un colon avec son domestique et sa femme, enfermé dans une mauvaise baraque en planches, a tenu tête à 600 cavaliers ou fantassins de la tribu des Beni-Chougran.

terie foncière; mais nous lui demanderons de reconnaître que les colons ont encore été, dans cette circonstance, victimes de leur bonne foi, de leur amour de coloniser; nous lui demanderons de reconnaître qu'au fur et à mesure de la disponibilité d'une terre, elle a été immédiatement mise en valeur; que si des friches existent encore dans les territoires colonisés, ces friches appartiennent aux Arabes ou à l'Etat.

De ces faits, il résulte que la colonisation date à peine de quinze années, et il y a lieu d'ajouter que, depuis 1859, il n'y a presque plus de terres à la disposition des colons en territoire civil.

Le relevé des concessions faites en 1859, 1860 et 1861, dans les territoires civils des trois provinces, s'élève aux chiffres suivants :

	hectares.	ares.	centiares.
Province d'Alger,	5,715	18	94
— d'Oran,	6,701	92	19
— de Constantine,	14,588	53	51
Totaux,	27,005	64	64

La moyenne annuelle est de 3,000 hectares par province.

Ainsi, l'Algérie compte à peine dix années pendant lesquelles sa colonisation a pu se développer sans obstacle, et on ne trouve pas qu'elle a assez fait en créant de toutes pièces 330 centres de population; mais alors, qu'on cite une autre colonie dans le monde qui, en de telles conditions, dans le même temps, ait fait plus et mieux.

Nous ne revendiquons pas pour le Français algérien l'honneur d'être le premier colon du monde, mais nous citerons un fait significatif:

Un Anglais riche, instruit, homme pratique en questions agricoles, après avoir parcouru la plus grande partie du globe, en vue de choisir l'endroit où il voulait terminer ses jours, acheta en Algérie, il y a huit ans environ, une proprieté d'avenir, mais à créer. Pour la mettre en rapport, il alla chercher en Angleterre tout un personnel et un matériel anglais, et nous pûmes voir fonctionner en Algérie, et avec une entière liberté, les hommes réputés les plus habiles en matière de colonisation.

Trois années d'expérience coûteuse ne s'étaient pas écoulées, que le propriétaire réformait tout et remplaçait ses compatriotes par des colons français, et l'entreprise, qui ne marchait pas, suit aujourd'hui un progrès régulier.

Salut donc au colon français de l'Algérie! salut à ce missionnaire pacifique, qui ne recule pas devant la tâche si difficile de la régénération de la partie du globe dévolue à la descendance maudite de Cham.

Salut aussi à la compagne du colon, à la noble femme française, toujours et partout, en Algérie comme ailleurs, à la hauteur de sa mission, dans la famille comme dans la société!

Dès les premiers jours de la conquête, longtemps avant que les congrégations religieuses de France eussent été appelées à fournir à la colonie leur contingent d'auxiliaires, une sainte femme, Madame la baronne de Vialar, la sœur du doyen des colons, avait, sur sa fortune personnelle, pourvu à tous les besoins d'éducation de l'enfance, de charité envers les malheureux, de soins dévoués envers les malades, d'asile pour les orphelins, de refuge pour les jeunes filles auxquelles manquait la protection maternelle.

Parallèlement, mais sans autre apport qu'un dévouement sans bornes, un courage qu'aucun obstacle n'a pu rebuter, une autre femme, Madame Luce, pénétrait dans les bouges des plus pauvres familles musulmanes, pour y arracher les petites filles à la misère, à la contagion des mauvais exemples, à l'ignorance et à la paresse, sources de tous les vices. D'abord elle donna à ces enfants le pain du corps, puis après celui de l'âme. La confiance des mères indigènes provoqua la charité des mères européennes, et quand les ressources de l'assistance privée firent défaut, les subsides de l'administration vinrent transformer en une institution administrative la création de l'aumône et du dévouement.

Dans toutes les villes, des dames de charité sont les auxiliaires infatigables des bureaux de bienfaisance.

Dans les campagnes, la femme du pionnier de la colonisation défie tout ce qu'on peut supposer en courage, en abnégation, en résignation.

Vivre sous un abri de simples branches, aller dans les champs chercher la nourriture de la famille, soigner les malades, partir la nuit pour se rendre au marché, conduire, au besoin, un attelage de bœufs traînant une lourde charrette dans des chemins défoncés, tout cela n'est qu'un jeu pour elle.

Nous en connaissons une, restée seule dans son habitation, qui y fut tenue assiégée, toute la nuit par une panthère qui, en attendant mieux, dévorait toutes ses poules.

Nous en avons vu une, de nos yeux vu, qui, avec sa petite fille, cueillait des pois ; derrière la ramée était une panthère qui se faisait les ongles, en les aiguisant dans le sable.

Ces deux femmes rappelaient ce souvenir comme s'il se fût agi d'un incident ordinaire de leur vie.

Une autre, après avoir joui d'une grande fortune et de quelques succès dans le monde, partageait avec sa famille les misères de la colonisation dans un coin de la Mitidja. Advint le choléra. Mari, enfants, tout succomba, malgré ses soins. Epuisée de fatigue et de douleur, sans un sou vaillant, elle arriva à Alger, à pied, par une marche de nuit. L'hospitalité d'un lit lui fut offerte par une inconnue. Avant la fin de la journée, elle était morte, aussi du choléra, sans proférer une plainte. Elle se borna à donner son nom à la personne charitable qui l'avait recueillie.

Dans une des invasions des Arabes au milieu des fermes de la Mitidja, M. et Mlle M... tombèrent au pouvoir des envahisseurs. Mlle M... qui craignait tout ce qu'une femme peut redouter en pareil cas, supplia d'abord son frère, avant qu'il eût été désarmé, de lui brûler la cervelle et, sur son refus, elle fit un lacet de la bride du cheval sur lequel elle était montée, se le passa au cou, et lança sa monture pour en finir avec la vie.

A la même époque, une jeune fille de 11 ans, faite prisonnière en gardant les vaches, s'échappa du camp d'Abd-el-Kader, alors situé sur le Chélif, au pied de Miliana. Seule, sans vivres, sans chaussures, sans autre guide que son instinct, elle revint retrouver sa famille, en traversant en fugitive soixante lieues de pays occupé par l'ennemi.

Telle est la femme, telle est la fille du colon. L'une vaut l'autre.

L'épreuve de la rude vie du colon crée une race énergique. La semence en est jetée en Algérie ; elle y prospérera.

VII

RÉPONSE AUX ACCUSATIONS

Mon cher monsieur Guéroult (1),

En relisant l'ensemble des articles que l'*Opinion nationale* vient de publier pour la défense de la colonisation algérienne, je remarque qu'on a laissé sans réfutation l'accusation la plus grave portée contre les colons : *celle d'avoir ou vendu, ou loué, ou laissé en friche les terres à eux concédées*, et d'avoir, par l'inexécution des engagements pris, mérité qu'on ne continue pas à inquiéter les indigènes dans leur

(1) Les paragraphes précédents avaient été envoyés à la rédaction de l'*Opinion nationale*, sous forme de simples notes à consulter. Ils ont été revus, corrigés, augmentés pour composer cette brochure.

Ici, l'auteur intervient personnellement dans le débat, à cause de sa gravité, et adopte la forme épistolaire, qui lui semble la plus convenable à une réfutation dans laquelle il est obligé d'invoquer des faits personnels.

occupation traditionnelle du sol, pour accroître le domaine d'une colonisation stérile.

Peut-être a-t-on négligé de répondre à ce chef d'accusation, formulé d'abord dans des brochures, parce qu'il est la base fondamentale de la lettre de S. M. l'Empereur à M. le maréchal gouverneur général de l'Algérie; parce que réfuter la doctrine de quelques auteurs anonymes, c'est discuter un document de sa nature indiscutable.

Quant à moi, je crois, au contraire, que c'est un motif pour ne pas s'abstenir, car si l'Empereur avait cru connaître exactement la situation vraie de la colonisation en Algérie, il n'eût pas déclaré dans sa lettre que *les chiffres*, y indiqués, *n'étaient qu'approximatifs*, et n'eût pas, en terminant, invité le gouverneur *à lui envoyer tous les documents statistiques qui peuvent éclairer la discussion du Sénat*.

C'est pourquoi je viens vous demander de permettre à une personne qui a consacré vingt-huit ans à l'étude et à la pratique des questions algériennes dans les trois provinces de la colonie, de produire, à titre de complément des documents statistiques demandés, quelques faits d'observation personnelle qui ne seront peut-être pas sans quelque utilité dans le débat engagé.

Tout d'abord, je dirai qu'à ma connaissance il n'existe aucun document indiquant :

1° Le nombre exact, à ce jour, des terres domaniales concédées aux colons ;

2° Le chiffre réel des terres acquises par les Européens aux indigènes, avant la prohibition des transactions, et de celles, provenant d'achat, attribuées aux colons, en vertu de l'ordonnance de 1846, par les conseils du contentieux et par les commissions des transactions et partages;

3° Le chiffre des terres dont l'État a pu autoriser l'acquisition en dehors des périmètres dans lesquels l'ordonnance de 1846 a été appliquée;

4° Le nombre et l'importance des transactions foncières, entre Européens et indigènes, et indigènes et Européens, dans les territoires où la transmission des propriétés a toujours été libre et ceux où elle a été successivement rendue libre;

5° L'état d'aménagement des terres achetées ou concédées, au moment de la prise de possession par les Européens, la situation actuelle de culture ou d'inculture de ces terres, de manière à pouvoir préciser les conquêtes par le défrichement (1);

6° Le rapport proportionnel entre l'étendue cultivée directement par les Européens, celle cultivée par les indigènes sous la direction des propriétaires et par des méthodes perfectionnées, et celle des terres simplement louées et abandonnées à la routine arabe;

7° Enfin, combien, parmi les 200,000 Européens recensés en 1861, sont fixés au sol par le lien de la propriété rurale et de la culture, et combien ne le sont pas.

Je le répète, aucun document ne répond à aucune de ces sept demandes et aucun service public de la colonie ne peut fournir les éléments nécessaires

(1) Les colonies agricoles de 1848 et 1849 ont, dans la subdivision d'Oran, été placées dans des terres couvertes de palmiers nains, à défricher complétement.

pour y répondre, immédiatement, d'une manière satisfaisante.

Je prends, comme exemple à l'appui de mon affirmation, les chiffres donnés, comme représentant la portion du lot de la colonisation européenne provenant de concessions et ceux de la population qui les met en valeur.

Plus d'une raison existe pour qu'on ne connaisse pas le chiffre vrai du nombre et de l'importance des concessions.

Dans les conditions normales, voici comment elles sont faites :

Le service du Domaine, après avoir constaté les droits de l'Etat sur une terre, après l'avoir inscrite sur ses sommiers de consistance, en effectue la remise au service de la colonisation, qui la fait distribuer aux colons, par l'intermédiaire d'un troisième service, celui du cadastre.

Chacun de ces trois services réguliers tient un compte exact de ses opérations et les résume dans des états de situation annuelle.

Mais quand on consulte comparativement ces états, on constate qu'il n'y a pas concordance entre les chiffres des remises du Domaine et ceux des concessions faites aux colons; et quand la comparaison s'établit par arrondissement ou par département, les différences constatées sont souvent énormes.

Cela se comprend : une terre de 2,000 hectares, destinée à la fondation d'un village et inscrite pour cette contenance sur les registres du domaine, quand elle a été divisée par le service cadastral en lots à bâtir, lots de jardin, lots de vigne, lots de petite culture, lots de grande culture, lots de prairie naturelle, et par autant d'unités qu'il y a de concessions à faire, ne représente plus 2,000 hectares concédés effectivement aux colons; car il faut en défalquer : la séparation mitoyenne entre chaque lot, les chemins et les routes qui y conduisent, les fossés d'écoulement des eaux, les rues et places du village, le communal, etc., etc.

De ces deux ordres d'états distincts, indiquant, les uns, la contenance totale, les autres, la contenance réduite, quel est celui adopté dans les statistiques officielles livrées au public? Dans les *en-têtes* des tableaux, on lit tantôt : *superficie du territoire,* désignation correspondant à la contenance totale; tantôt : *contenance des concessions,* désignation correspondant à la superficie réduite.

Ainsi, même pour la partie la mieux réglementée et la mieux observée du service général de la colonisation, il est à peu près hors de doute que nul ne pourrait dire, sans de très longues recherches, quel est le chiffre exact des terres possédées par les colons à titre de concession.

En quoi serait-il étonnant qu'il y eût incertitude sur une question à la solution de laquelle concourent plusieurs services, quand, d'un côté, on voit le *Tableau général du commerce de France*, publié par le ministère des finances, porter à 263 millions 964,249 fr. le commerce d'importation et d'exportation de l'Algérie en 1860, et le *Tableau de la situation de l'Algérie*, publié par le gouvernement général, donner, pour la même année, le chiffre de 161 millions 357,470 fr.? La différence entre les deux documents officiels n'est que de 102,606,779 fr.

Mais, en Algérie, il n'y a pas que des concessions faites par l'intermédiaire des services du Domaine, de la colonisation et du cadastre. Plus d'une fois, en cas d'urgence, un chef de province, de subdivision, de cercle, de poste même, a autorisé un colon à prendre possession provisoire d'un lot de terre : ici, sur les routes, pour créer une auberge utile aux voyageurs, ou des habitations de cantonniers ; là, sur un cours d'eau, pour y fonder soit un moulin à farine, soit un moulin à huile réclamés par l'intérêt général des tribus ; là, sur le sommet des plus hautes montagnes, pour la récolte et la conservation des neiges qui alimentent les glacières de la colonie ; ailleurs, sur des point nombreux, pour d'autres créations non moins impérieusement nécessitées par l'intérêt public. Ces prises de possession, autorisées par un titre écrit, sans objection de la part de qui que ce soit, passent à l'état de fait accompli, créent des droits incommutables, transmissibles, sans que les statistiques en fassent mention.

Enfin, autre source d'incertitude, les statistiques ne distinguent pas entre les concessions de terres domaniales faites aux Européens et celles faites aux indigènes. Il y a à défalquer du total fourni par les divers tableaux la superficie inconnue des terres concédées à ces derniers.

La même incertitude règne quant au chiffre de la population européenne dans ses rapports avec l'exploitation du sol concédé ou acheté.

Pendant longtemps, dans les statistiques officielles, on a divisé la population européenne en *urbaine* et en *rurale*, et le lecteur, interprétant cette distinction comme elle devait l'être rigoureusement, a conclu des chiffres fournis que la population coloniale proprement dite, c'est-à-dire celle exclusivement adonnée à la culture des champs, était en grande minorité. C'était une erreur que les rédacteurs des statistiques ont eux-mêmes reconnue ; aussi ont-ils réformé cette classification erronée. Mais l'impression produite subsiste, et les adversaires de la colonisation continuent à ne vouloir accorder à l'Algérie que quelques milliers de colons, auxquels ils contestent même la capacité professionnelle du cultivateur.

Dans l'*Exposé des motifs du projet de sénatus-consulte relatif à la constitution de la propriété en Algérie,* il est dit : « Sur 200,000 Européens qui se trouvent dans la colonie, *un quart à peine* se livre à la culture du sol. »

Quoi qu'il en soit, une simple explication fera comprendre que beaucoup de cultivateurs, beaucoup d'ouvriers agricoles, doivent demeurer provisoirement, transitoirement, dans les villes, sans pour cela perdre leur titre de colons.

Quand nous sommes arrivés en Algérie, nous avons trouvé des habitations dans les villes et rien dans les campagnes. Les paysans qui ont fondé les premiers villages et les premières fermes ont dû d'abord demeurer dans les villes, puisque là seulement ils trouvaient à se loger. Depuis, bien que les villages et les fermes se soient multipliés à l'infini, il y a encore un très grand nombre de cultivateurs qui résident dans les villes, parce que, malgré l'immense développement donné aux constructions dans les campagnes, il n'y a pas encore place sous un toit pour tout le monde, surtout pour la classe très nombreuse des ouvriers agricoles temporaires. D'ailleurs, l'œuvre de la colonisation, commencée d'hier seulement, se continue aujourd'hui et se continuera demain, avec la résidence dans les villes de tous ceux qui *vont de l'avant*.

Si, maintenant, sans se préoccuper de statistiques qui ne peuvent pas représenter la situation véritable des choses, on recherche, dans l'observation, les éléments d'appréciation des rapports des Européens avec la possession du sol, son appropriation et sa mise en valeur, voici les conclusions que dictent les faits observés.

Le chiffre des populations rurales fourni par les statistiques représente spécialement le nombre des colons définitivement assis dans les campagnes; celui des populations urbaines comprend, pour moitié au moins, un nombre d'habitants qui, soit comme propriétaires ruraux, soit comme ouvriers agricoles, vivent principalement de produits agricoles qu'ils créent eux-mêmes.

Règle générale, en Algérie, tout commerçant, tout industriel, habitant les villes, qui a pu réaliser des économies, les a consacrées à la création d'un domaine rural, et on peut, sans hésiter, affirmer que les établissements fondés dans ces conditions sont de beaucoup les plus solides, parce que des bénéfices journaliers viennent parer à tous les mécomptes de la colonisation.

Règle générale aussi, toutes les industries, tous les commerces qui ont pour objet la satisfaction des besoins de la colonisation sont dans les villes et non dans les campagnes, parce qu'ils trouvent dans les grands centres des conditions d'assiette que, transitoirement, ils ne trouveraient pas ailleurs.

La mise en valeur de la terre est tellement l'affaire dominante en Algérie, que toute la population urbaine peut à bon droit être réputée rurale; car quand les récoltes manquent, les citadins souffrent plus que les campagnards. D'ailleurs, à l'exception des ports de mer, toutes les autres villes de l'Algérie sont exclusivement rurales, et c'est à tort qu'on qualifie leurs habitants d'*urbains*.

Ainsi, quand, sur l'autorité des statistiques officielles, on vient dire : « Sur 200,000 Européens, il n'y en a qu'un quart environ exploitant le sol, » on se trompe considérablement, car on peut affirmer, sans crainte de commettre une erreur, qu'à peine un cinquième de la population européenne de l'Algérie n'a pas son principal intérêt dans la colonisation agricole.

Il est une autre remarque aussi que ne font pas les statistiques, c'est que les 19/20es de la propriété rurale européenne appartiennent à des Français et sont exploités par des Français. Les étrangers : Espagnols du continent, Espagnols des îles, Italiens, Maltais, Sardes et autres, ne représentent guère en Algérie que des ouvriers agricoles travaillant à l'année, au mois, à la journée ou à la tâche, sous la direction des propriétaires français.

Ainsi, quand l'auteur de l'*Algérie française* parle d'*immigrants raccolés dans les diverses nationalités européennes, aux mains desquels on aime mieux voir la terre de l'Algérie que la laisser aux indigènes*; quand il reproche à l'administration, *malgré des efforts tenaces, d'avoir à peine installé quelques milliers d'agri-*

culteurs dont il n'oserait garantir ni le chiffre ni la qualité réelle, cet écrivain anonyme, ou parle de choses qu'il ne connaît pas, ou trompe sciemment ses lecteurs; car les Français sont presque exclusivement propriétaires du sol, car les quelques milliers d'agriculteurs dont il fait fi s'élèvent, Français, étrangers et indigènes, rangés sous la bannière de la colonisation, à cent cinquante mille au moins.

Je me résume : personne ne sait, même d'une manière approximative, quel est, en Algérie, le lot de la colonisation européenne, et dans ce lot quelle est la proportion entre la friche et les cultures des propriétaires français, celles de leurs fermiers ou locataires indigènes.

Conséquemment, quand l'auteur de l'*Algérie française* assigne une étendue de 300,000 hectares au lot de la colonisation européenne, dont 100,000 hectares déjà revendus aux Arabes, qui en avaient été dépossédés, et 100,000 loués aux indigènes en attendant des acquéreurs, et le reste sans culture; quand, après cette appréciation qui manque complétement de base, il dit : « Nous sommes certainement au-dessous de la vérité dans l'évaluation de cette rétrocession des terres faites par les Européens aux indigènes, » on ne peut se défendre de lui demander où il a puisé ces chiffres et de le mettre en demeure de les justifier.

J'espère que, de son côté, l'administration algérienne va combler les lacunes de ses statistiques ordinaires, et j'ai l'intime conviction que les documents qu'elle est appelée à produire au Sénat éclaireront la situation d'une grande lumière, et démontreront au gouvernement que la colonisation agricole a bien mérité de la France.

En attendant, permettez-moi de mettre la vérité en regard des erreurs, volontaires ou involontaires, qui ont été commises par les adversaires de la colonisation.

Malgré le vague des documents officiels à l'aide desquels on peut apprécier la situation réelle de la colonisation en Algérie, je vais m'efforcer d'en extraire tous les éléments propres à éclairer l'opinion publique.

La première question qui se pose d'elle-même est celle-ci : *Quel est le lot probable de la colonisation au moment actuel?*

L'auteur de l'*Algérie française* dit 300,000 hectares, dont 200,000 provenant de concessions et 100,000 provenant d'achats faits aux indigènes.

Les documents officiels nous apprennent ce qui suit sur les concessions :

De 1830 au 31 décembre 1856, l'État avait concédé un chiffre d'hectares s'élevant à un total de.	264,785
Les statistiques ne donnent pas le chiffre des concessions faites en 1857. .	»
Pour 1858, elles ne font connaître que la partie consacrée à la création de villages, soit	19,160
En 1859, en 1860, en 1861, il a été concédé	88,446
Les documents de 1862 n'ont pas encore été publiés.	»
Total connu des concessions.	372,391

Les lacunes des années 1857 et 1862, plus celles de 1858, pour les concessions hors centres, quand elles seront comblées, élèveront probablement le total des concessions régularisées à 450,000 hectares.

En dehors des concessions régularisées, il y a un compte à ouvrir à celles dont la prise de possession provisoire a été autorisée en attendant régularisation ultérieure, et qui peut bien comprendre 50,000 hectares.

Ce serait donc un chiffre probable de 500,000 hectares que les colons détiendraient à titre de concessions. L'Exposé des motifs du projet de sénatus-consulte dit : 22,000 *concessions, comprenant 4 à 500,000 hectares environ, ont été faites depuis l'origine de la conquête.*

Mais la concession n'a pas été le seul mode d'aliénation des terres domaniales. Dès le début de la colonisation, des ventes de gré à gré ont eu lieu : ainsi, ont été constituées les fermes de la vallée du Mazafran; depuis, on a vendu des terres domaniales à l'Habra, sur l'Isser de l'Ouest, sur le Chelif, à Atatba, dans la vallée du Bou-Merzoug et sur d'autres points encore.

Quel chiffre faut-il porter aux articles : ventes de gré à gré et ventes aux enchères publiques? Les documents statistiques sont muets à cet égard.

Indépendamment des terres domaniales concédées ou achetées, les terres possédées à titre privé par les indigènes, et connues sous le nom de Melk, ont aussi fourni un contingent nombreux au lot de la colonisation, au moyen de transactions particulières.

Voici ce que nous apprennent à ce sujet les documents officiels :

Dans les périmètres soumis aux prescriptions de reconnaissance administrative, en vertu de l'ordonnance de 1846, il a été attribué aux Européens, savoir :

Propriétés confirmées.	54,989 hect.
Propriétés litigieuses, entre particuliers, sur l'attribution desquelles les tribunaux ont prononcé depuis.	10,147
Partie de 17,952 hectares litigieux avec l'État, et rendus disponibles soit par transactions, soit par jugements (environ).	8,976
Total.	74,112 hect.

Ne sont comprises dans cette énumération, ni les terres acquises antérieurement à 1844, en dehors des périmètres de l'ordonnance de 1846 et comprenant, avec les territoires des banlieues d'Alger, d'Oran et de Bône, tous les domaines sis au delà de la Chiffa et que les Hadjoutes, nos audacieux adversaires, s'étaient empressés de vendre, convaincus qu'ils nous expulseraient du pays, ni celles que des achats ultérieurs ont fait passer en des mains européennes, partout où le sol a été affranchi des prohibitions qui le rendaient inaliénable.

Autour d'Alger seulement, à dater de 1848, la spéculation a pu opérer d'abord sur 31,877 hectares reconnus propriétés indigènes et, depuis, sur 76,225 autres hectares, d'origine domaniale, partagés entre les indigènes qui les détenaient.

Autour de Cherchell, Blida, Koléa, Médéa, Miliana, Mostaganem, Oran, Mascara, Tlemcen, Constantine, Bône, où les indigènes possédaient des terres à titre Melk, un nombre important de petites propriétés a aussi passé, par libres transactions, des mains des indigènes dans celles des Européens.

Les documents statistiques ne permettent d'apprécier ni le chiffre des terres acquises par les Européens avant 1846, et dont la libre possession a été respectée, ni celui des acquisitions nouvelles réalisées depuis la fin des travaux des commissions de reconnaissance de la propriété ; mais je ne puis estimer à moins d'un second total de 70,000 hectares le chiffre des terres européennes provenant de ces deux sources.

Ainsi, d'après ce qui précède, le lot de la colonisation comprendrait :

	hectares.
1° Concessions régularisées et non régularisées	500,000
2° Propriétés soumises aux prescriptions de l'ordonnance de 1846	74,112
3° Propriétés acquises avant 1846	50,000
4° Propriétés acquises depuis 1848	20,000
5° Propriétés domaniales vendues de gré à gré ou aux enchères publiques	*mémoire*
Total	644,112

En admettant une légère erreur, en plus ou en moins, dans ce total, il démontre combien l'auteur de l'*Algérie française* se trompe et trompe ses lecteurs sur ce premier point.

« *Sur le papier*, ajoute-t-il, le lot européen se

compose de 300,000 hectares; mais si l'on interroge les faits, on constate que *plus du tiers* des hectares concédés a été revendu aux indigènes, et que le reste est ou loué à ces derniers ou à peu près inculte. »

Voyons d'abord ce que les documents officiels opposent à ces trois assertions.

Le *Tableau de la situation de l'Algérie*, pour l'année 1856, le dernier qui entre dans quelques détails sur les travaux des colons, nous apprend :

1° Qu'au 31 décembre 1856, il y avait 181 villages créés par l'administration, comprenant 191,242 hectares concédés, dont 79,120 cultivés en froment, orge, seigle, avoine, maïs, pommes de terre, légumes, tabac, coton, vignes;

2° Qu'à la même date, il y avait 1,398 fermes fondées par la colonisation libre, comprenant 175,377 hectares, dont 50,552 cultivés.

Ainsi, voilà un premier renseignement qui nous montre les Européens déjà en possession, il y a six ans, de 360,619 hectares, dont 129,772 consacrés à des cultures qui exigent une certaine appropriation du sol.

Ici, je suis obligé d'intercaler une observation qui a son importance.

Il y a vingt ans environ, un avocat, improvisé chef de la colonisation de l'Algérie, fit décider que les prairies naturelles seraient considérées comme terres incultes, et, par respect pour cette décision, les statistiques officielles ne comptent pour rien les récoltes de fourrages. Cependant, le foin est le pain des animaux domestiques et l'Algérie compte beaucoup d'animaux à nourrir.

Voici ceux qu'énumèrent les documents de 1856, savoir :

18,685 chevaux ou mulets de l'armée,
10,862 — de l'agriculture,
37,600 bœufs et vaches, desservant 10,868 charrues.
A ces chiffres, il faut ajouter :
15,000 chevaux ou mulets employés pour le service des diligences, des corricolos, du roulage ou pour la selle, soit au total :

82,147 bêtes à nourrir tous les jours et pendant 365 jours de l'année.

Or, comme les foins ne sont pas tirés de France, ni produits par les indigènes, mais récoltés par les colons sur leurs terres, j'ajoute 82,147 hectares cultivés en prairies, au total fourni par les autres cultures ; alors, au lieu de 129,772 hectares cultivés par les Européens en 1856, je trouve 211,919.

Cette rectification opérée, je passe de la situation de 1856 à celle de 1861.

Les états statistiques de 1861 n'inventorient pas, comme leurs devanciers, les cultures des Européens à part de celles des indigènes, ce qui est très regrettable ; cependant, comme les colons font seuls certaines cultures, on peut encore demander quelques indications utiles à ces états.

Le détail des cultures exclusivement européennes, en 1861, comprend, savoir :

	hect.	ares.
Blé tendre.	71,002	85
Seigle.	1,121	73
Avoine.	5,121	03
Tabac.	2,326	33
Coton.	1,209	00
Vignes.	5,566	49
Oliveries (1).	6,336	72
Total. . . .	92,684	15

Comme ces cultures sont exclusivement européennes, la raison autorise à les attribuer au travail des colons.

Pour les autres cultures, on peut, d'après cette base, les inventorier par estime, en tenant compte de la loi des assolements et des progrès généraux de la colonisation.

	hect.
J'ajoute donc ce qui suit aux chiffres fournis par l'énumération précédente, soit.	92,684
Blé dur (2).	100,000
A reporter. . . .	192,684

(1) Ces oliveries, appartenant à l'État, sont affermées, à long bail, à des Européens qui les exploitent par la culture, car l'olivier ne produit rien si on ne lui donne pas les soins qu'il exige.

(2) Dans les plaines basses et exposées aux brouillards, le blé dur est préféré au blé tendre, comme donnant une récolte plus certaine.

Report. . . .	192,684
Orge.	70,000
Maïs (1).	8,000
Fèves.	6,000
Pommes de terre.	4,000
Légumes divers (2).	6,000
Cultures diverses (3).	2,000
Oliveries privées..	2,000
Orangeries (4), bananeries, vergers, pépinières, jardins d'agrément.	2,000
Bois particuliers.	3,000
Prairies artificielles.	3,000
Prairies naturelles.	100,000
Total.	398,684

Si maintenant, toujours d'après les statistiques officielles, j'ajoute :

1° Qu'année moyenne les colons défrichent 10,000 hectares ;

2° Qu'ils aménagent et exploitent 95,384 hectares de forêts domaniales, concédées antérieurement à 1860 ;

(1) Depuis la décadence des cultures de tabac, on consacre la plus grande partie des terres humides au maïs.

(2) Indépendamment de ce qu'elle donne à la consommation locale, la culture maraîchère a permis d'exporter, en 1861, pour une valeur de 1,768,292 fr. en légumes.

(3) Plantes odoriférantes, tinctoriales et autres.

(4) Dans le seul département d'Alger, les orangers couvrent une superficie de 263 hectares. Les autres arbres plantés en vergers s'élèvent à plus de 6 millions de pieds qui, chaque jour, demandent des soins.

3° Qu'ils exploitent des mines ayant produit, en fer, plomb, argent, or, cuivre et mercure, savoir :

En 1860, la somme de 3,275,223 fr.;

En 1861, la somme de 2,128,883 fr., mercure non compris;

J'aurai, je crois, suffisamment démontré que la colonisation de l'Algérie n'est pas une *humiliante négation*, comme on a osé l'écrire, car les cultures des Européens correspondent à deux hectares par tête, tandis que celles des indigènes sont d'un tiers environ au-dessous d'un hectare par habitant.

Cependant, je me prends à douter de mon jugement, à douter que j'ai passé vingt-huit ans en Algérie, qu'elle existe même, en lisant dans l'*Exposé des motifs du projet de sénatus-consulte*, rédigé par M. le général Allard, le passage suivant :

« 22,000 concessions de terres, comprenant 4 à 500,000 hectares environ, ont été faites depuis l'origine de la conquête, et il résulte DE DOCUMENTS OFFICIELS que, dans LE SEPTIÈME A PEINE *de ces concessions, des cultures sérieuses ont été entreprises et les cahiers des charges exécutés*. »

Comment! les concessionnaires n'auraient entrepris des cultures sérieuses que sur 71,422 hectares, quand le dernier document officiel (*Tableau de la situation de l'Algérie,* 1861) porte 71,002 hectares 85 ares, cultivés en blé tendre seulement?

Comment! sur 22,000 concessionnaires, 3,142 à peine auraient rempli les conditions de leur cahier des charges, quand le dernier tableau des déchéances de concessions, prononcées à la date du 31 décembre 1856, ne donne que 363 déchéances sur un chiffre de 15,107 concessionnaires?

Ou il y a erreur dans les documents consultés par le rédacteur de l'*Exposé des motifs*, ou l'administration algérienne est bien coupable de ne pas évincer 18,858 concessionnaires n'ayant pas rempli les conditions de leur cahier des charges.

Peut-être n'y a-t-il ni erreur ni culpabilité, mais seulement fausse appréciation de la valeur comparée de certains chiffres?

Au 31 décembre 1856, sur 15,107 concessions faites sous clauses résolutoires, il n'y en avait que 4,240 affranchies de ces clauses résolutoires. Peut-être a-t-on pensé que la différence entre ces deux chiffres représentait un total de colons n'ayant pas encore rempli les conditions auxquelles ils étaient tenus envers l'État.

Si cela était, on se serait grandement trompé.

D'abord, il y a beaucoup de colons qui, ayant accompli, et au delà, les clauses de leur cahier des charges, tiennent leur titre provisoire pour aussi bon qu'un titre définitif, et négligent de demander ce dernier;

Puis, il y a des colons qui, ayant emprunté pour remplir les conditions de leur cahier des charges, demandent à l'administration, comme une faveur, de ne pas leur donner de titre définitif, jusqu'à ce qu'ils aient payé leurs dettes, afin de ne pas être exposés à l'expropriation; car, il faut bien l'avouer, il y a, en Algérie comme partout, des gens qui n'assistent un colon dans la gêne que pour mieux s'enrichir à ses dépens.

Enfin, l'administration est très surchargée de travail, et souvent elle fait attendre, pendant longtemps, même les titres définitifs sollicités avec instance.

Quoi qu'il en soit, erreur, culpabilité ou interprétation mal fondée, je ne puis douter, — si l'Algérie existe réellement, — qu'elle soit très mal connue et très mal appréciée en France. Un jour, on rendra justice aux colons, mais, en attendant, leurs intérêts ont beaucoup à souffrir de la défaveur jetée sur leurs entreprises.

Dans les jugements portés sur l'Algérie, on ne tient jamais assez compte de la dissémination de la colonisation sur toutes les routes, autour de tous les postes militaires, et même jusqu'aux confins du Sahara.

A Djelfa seulement, les colons possèdent 1,775 hectares.

Pour se rendre un compte exact de la situation, il faut grouper tous les points épars sur lesquels s'est développée l'activité du colon, et alors, alors seulement, on apprécie à sa juste valeur la puissance de son travail.

Tout voyageur qui a visité l'Algérie a été frappé du contraste très grand entre la terre défrichée, propre, couverte de belles récoltes, et la terre sauvage, telle que l'incurie arabe nous l'a livrée, et comme ce contraste se reproduit sur les confins de tous les villages, de toutes les fermes, il appelle l'attention, et l'homme le plus juste se prend quelquefois à accuser de paresse le colon du voisinage, comme s'il était responsable de la fâcheuse impression éprouvée. Pourquoi, se demande-t-on, n'a-t-il pas encore défriché ce morceau de terre? Les statistiques répondent à cette question. Sur

292,750 hectares qui, en 1856, composaient le territoire de 181 villages, l'administration n'en avait concédé aux colons que 191,242, et en tenait 103,508 disponibles comme réserve. Puis, il y a les communaux et les propriétés arabes intercalées. Il n'est donc pas étonnant qu'on trouve en Algérie beaucoup de makis, de terres sauvages, même dans les territoires de la colonisation. Mais à qui la faute? Bien certainement, pas aux colons, qui seuls défrichent.

Deux gros péchés sont reprochés aux colons : la rétrocession de quelques terres concédées, moyennant argent, aux indigènes qui en avaient été dépossédés; la location à ces derniers de quelques terres qui ne peuvent momentanément être exploitées que par eux.

Les deux griefs sont fondés, mais il y a des circonstances atténuantes, très atténuantes; on va en juger.

Plus d'une fois, en Algérie, un colon a acheté une terre, dans un endroit à sa convenance, en vue de l'exploiter lui-même avec sa famille ; mais il est arrivé aussi que l'administration, en ayant besoin pour y installer un village, l'en expropria, en lui offrant en compensation une terre domaniale, située au diable, en pleine barbarie, mais dont l'aliénation était sollicitée par des indigènes. Si l'administration eût vendu la terre qu'elle ne pouvait utiliser au profit de la colonisation, les fonds provenant de la vente eussent été versés au trésor, et il eût fallu beaucoup de croix et beaucoup de bannières pour les en faire sortir à l'effet d'indemniser l'exproprié. Au contraire, en troquant terre contre terre, l'exproprié était de suite indemnisé en recevant une concession qu'il revendait le lendemain, et l'administration n'épuisait pas ses crédits, réclamés par assez d'autres besoins impérieux. Cela ne se fait plus; mais, quand on opérait ainsi, en quoi le colon encourait-il la malédiction dont on l'accable aujourd'hui?

Plus d'une fois, des terres domaniales ont été concédées à des veuves d'officiers, d'employés, dont les maris étaient morts, soit en Algérie, soit en Crimée, soit en Italie; mais, en les leur donnant, l'administration savait qu'elles les vendraient au plus offrant, indigène ou européen.

J'accorde que des misérables, promettant de mettre en valeur, aient trompé la religion de l'administration et aient revendu au premier venu la terre obtenue en concession.

J'accorde même, sous ce rapport, tout ce qu'on voudra, mais sous bénéfice d'inventaire, et cet inventaire, je le dresse de suite.

Que je sache, aucune concession n'a été octroyée à qui que ce soit sans clauses résolutoires, et au nombre des obstacles apportés à l'abus possible des reventes de concessions, figuraient les obligations suivantes : construire les habitations nécessaires à l'exploitation, habiter, défricher, planter, cultiver, le tout dans un délai obligatoire.

Que je sache, aucun indigène n'a voulu de terre, même gratuitement, à ces conditions, et si l'honorable auteur de l'*Algérie française* en connaissait, je lui demanderais comme une grande faveur de les signaler à mon admiration, car quoique j'aie beaucoup pratiqué les indigènes, je déclare n'en avoir jamais rencontré un arrivé à ce degré de *francisation*.

La terre que l'Arabe recherche n'est pas celle qui est bâtie, défrichée, complantée et enclavée au milieu de propriétés européennes. Là, il y a une plus-value considérable qu'il ne veut pas payer, une concurrence qu'il redoute. La terre qui appelle son attention est la terre sauvage, celle qui se vend à bas prix, celle qui pour un peu d'argent donne beaucoup d'espace.

Il y a encore un autre obstacle apporté par l'administration à la revente des concessions aux indigènes : c'est la création, sur la plupart des terres concédées, de villages, avec la vie obligatoire dans un centre, avec des terres fractionnées en six lots, ce qui est l'antipode des conditions recherchées par l'Arabe, qui a besoin de déplacer continuellement son habitation pour fuir la vermine; qui veut l'espace libre devant lui pour y laisser divaguer ses troupeaux, sans souci d'un voisin assisté du garde champêtre, l'effroi de tous les indigènes.

Je mets au défi l'auteur de l'*Algérie française* de prouver, non pas que plus du tiers des 190,304 hectares concédés à 17,168 colons, et probablement divisés en *cinquante mille parcelles*, dans les 181 villages existant au 31 décembre 1856, ont été revendus aux indigènes, mais qu'il leur en ait été vendu même la centième partie.

Dans ce défi, je n'hésite pas à comprendre aussi la catégorie des concessions hors centres.

Notre adversaire cite trois exemples : Le premier doit être rejeté, car il s'agit de ventes d'Européens à Européen (1); pour savoir ce que valent les deux autres, il faudrait connaître des secrets qu'on cache évidemment.

S'il en est de ces concessions rachetées par les indigènes, comme des lots achetés par eux aux enchères d'Atatba, je ferai remarquer pour ces der-

(1) « On cite, entre Bone et Guelma, dans la province de Constantine, dit l'auteur de l'*Algérie française*, un village presque entier, terres de cultures et maisons d'habitation, qui a été acheté aux colons par un riche capitaliste français. »

Le village dont il est question est celui de Mondovi.

Ce village, à son origine, comptait cent vingt feux environ. La mort avait enlevé plusieurs chefs de famille et la maladie en avait réduit d'autres à la plus affreuse des misères. Advint un capitaliste français qui acheta aux malheureux, non la totalité du village, comme on le dit, mais le quart environ, non pour un morceau de pain, mais à raison de 150 francs l'hectare, prix double de leur valeur avant son arrivée.

Avant ces achats, Mondovi comptait 380 habitants, aujourd'hui il en a 700 ; le dixième des terres à peine était cultivé, aujourd'hui toutes le sont et produisent annuellement pour 250,000 francs de tabac ; aucune construction n'avait été ajoutée aux maisonnettes dues à la libéralité de l'État, aujourd'hui douze belles maisons nouvelles, des écuries annexées à chaque habitation complètent l'installation primitive ; enfin, Mondovi était un pauvre village isolé, aujourd'hui des fermes dont les constructions ont coûté plus d'un million et possédant en cheptel 5,000 têtes de gros bétail, donnent l'activité européenne à toute la contrée.

Ainsi, l'opération signalée par l'auteur de l'*Algérie française* comme un crime de lèse-colonisation, est devenue un bienfait pour le village de Mondovi. Le riche capitaliste, traduit devant l'opinion publique comme un coupable a aussi acheté des terres aux Arabes, et en ce moment le chiffre de ses cultures, par la main française, s'élève à 1,200 hectares, en céréales, vignes, orangeries, cultures maraîchères, etc., etc.

On peut envoyer sur les lieux qui on voudra pour le constater.

C'est ainsi que la passion écrit l'histoire.

niers qu'il n'y avait ni obligation de bâtir, ni obligation de cultiver; c'était de leur part pure spéculation, car, dans la salle même de la vente, les adjudicataires offraient de revendre, à bénéfice, bien entendu.

J'aurais beau jeu si aux quelques défaillances reprochées à de pauvres colons, j'opposais, à mon tour, la liste des rétrocessions de concessions faites par des indigènes aux colons. J'en citerai, aux environs d'Alger, trois exemples faciles à vérifier, car je nomme les terres, les vendeurs et les acheteurs.

L'administration avait concédé aux indigènes de la tribu de Chenoua environ mille hectares de la terre domaniale de Sidi-Rached, pour les indemniser de quelques parcelles dont ils avaient été expropriés pour l'établissement de Tipaza; ces terres ont été de suite revendues, partie à la famille Demonchy et partie à M. Rauel de Montagny.

Après règlement des parts indivises entre l'État et la tribu de Kakna, des lots individuels ont été assignés, sur leur propre territoire, à chaque ayant droit; aussitôt, la plupart de ces lots ont été revendus à des colons européens, notamment à M. Thumerelle.

La même opération a donné les mêmes résultats chez les Ouled-Chebel et M. D'H., inspecteur d'un des services financiers d'Alger, a pu, au moyen de l'achat de quelques lots, s'y constituer une belle propriété.

Pour mon compte personnel, je ne redoute, pour la colonisation, aucune conséquence fâcheuse d'une libéralité qui octroie aux indigènes la totalité des terres de l'Algérie, pourvu qu'elle leur soit donnée à titre individuel et dans des conditions qui permettent aux Européens de la leur acheter (1), sans redouter les fraudes du passé. Quel que soit le prix de vente réclamé, l'achat aux indigènes coûtera toujours moins que la longue attente d'une concession gratuite, avec clauses résolutoires.

Toutefois, je ne suis pas édifié au même degré sur les avantages que les indigènes retireront d'un aussi gracieux présent. Je redoute beaucoup que, par ce moyen, la colonie ne se prive promptement d'auxiliaires utiles, car il faudra bien qu'ils quittent la place quand ils auront vendu. C'est pourquoi, je n'hésite pas à le dire, j'aurais préféré une autre solution, dans l'intérêt bien compris des deux races.

Je pense avoir fait justice de l'accusation des reventes ; je passe aux locations.

Oui, il y a en Algérie des terres européennes louées aux indigènes, et même de très belles et de très grandes, notamment chez les Hadjoutes, au delà de la Chiffa, dans le rayon d'infection du lac Al-

(1) Voici, pour le cercle de Bône, l'état des terres achetées aux Arabes par cinq colons, et depuis quelques années seulement :

M. Coll, au kalifa de Constantine. .	11,000 hect.
M. Leyman, id. (de seconde main).	3,000
M. Nicolas, à divers indigènes.	6,000
M. Portaluppi, id., ...	5,000
M. Joanneau, au général d'Uzer . . .	2,000
Total. . .	27,000

On voit que si, sur certains points, les indigènes disputent la terre aux Européens, sur d'autres, ils s'empressent de la vendre dès qu'elle est rendue disponible.

loula, mais je me hâte de dire que ces terres proviennent d'acquisitions et non de concessions, car l'administration s'est toujours sagement abstenue de concéder des terres sur lesquelles on ne pouvait, ni arriver faute de routes, ni vivre faute d'assainissement.

En parlant des terres de la partie ouest de la Mitidja et de la soi-disant spéculation des locations aux indigènes, je me sens sur un terrain solide, car pendant huit années je me suis trouvé aux prises avec les difficultés de la colonisaion dans cette contrée.

En 1853, je pris possession de la terre de Kandouri, sise sur le canal de desséchement du lac Alloula, et d'une contenance de mille hectares environ. Depuis 1844, cette propriété était louée aux indigènes, par mes devanciers, 500 fr. par an, c'est-à-dire *à raison de cinquante centimes l'hectare.*

En 1858, j'achetai à un ancien major, retraité en France, la terre voisine de Ben-Khoucha, de la contenance de 731 hectares; elle était louée aux indigènes 250 fr., c'est-à-dire *moins de trente centimes l'hectare.*

Comme je ne pouvais, avant d'avoir créé des habitations, substituer sur ces deux propriétés des Européens aux indigènes, je conservai provisoirement ces derniers en cherchant à élever le prix de loyer; je ne pus pas obtenir plus de 800 fr. pour l'une et plus de 300 fr. pour l'autre, la terre n'ayant pas une valeur locative plus grande sur toute l'étendue des 40,000 hectares environnants.

Les baux de location et les quittances de loyer, que les indigènes conservent avec un soin précieux, confirmeront ce que j'avance, si l'on veut contrôler mon assertion.

Acheter des terres, au prix moyen de 75 fr. l'hectare, pour les louer aux Arabes et en tirer un revenu maximum de 1 fr. l'hectare, serait, on l'avoucra, une bien triste spéculation, car 70 fr. en rentes sur l'État, placement beaucoup plus sûr et beaucoup plus facile à recouvrer, donne un revenu de 3 fr.

De 1853 à 1861, j'ai dépensé sur la propriété de Kandouri, tant en constructions qu'en aménagements de toute nature, indispensables pour substituer des Européens à des indigènes, la somme de 180,000 fr., non compris les produits assez considérables de la propriété; car, en 1861, au moment de la récolte, j'occupais cent soixante-dix ouvriers dans l'établissement.

Ai-je bien fait de devancer le moment, à peine venu aujourd'hui, de prendre possession de terres insalubres et *inviables* ?

Dans l'intérêt général, oui, car je préparais la voie à la colonisation d'une des plus riches contrées de l'Algérie ;

Dans l'intérêt privé, non, car, comme mes voisins M. et Mme Demonchy et M. Rising, j'ai failli, à plusieurs reprises, être victime de l'infection du lac Alloula; comme mes autres voisins, MM. Veyer, Spréklé et Desjardins, j'ai perdu mes deux premiers régisseurs et la femme du troisième; non encore, parce que, en l'absence de routes et de chemins, tout ce que j'ai produit et consommé a été grevé d'une surélévation de frais de transports que je ne puis évaluer, pour les huit années, à moins de 20 p. 100.

Mon exemple, celui des personnes que je viens de nommer et d'autres encore, prouvent que les colons algériens n'attendent pas un pont d'or, pour aller féconder leurs terres. Contre mon habitude, j'ai invoqué des faits personnels, pour être plus certain de ce que j'avançais, mais je dois faire remarquer que tous les autres colons, préparés à la tâche entreprise par une pratique antérieure de l'agriculture, ont fait, dans la limite de leur sphère d'action, beaucoup plus et beaucoup mieux que moi, médecin, ancien membre de la commission scientifique de l'Algérie, ancien directeur des affaires civiles de la province d'Oran, étranger jusque-là à la rude vie des champs et à toutes les connaissances spéciales qu'exige la colonisation.

Il était peut-être nécessaire que je fusse soumis à cette épreuve pour pouvoir dire ici, *avec autorité*, que les statistiques officielles, loin d'exagérer les créations et les récoltes des colons en Algérie, ne les comprennent pas toutes, car bien que l'établissement de Kandouri ne fût qu'à 15 lieues d'Alger et à 5 lieues de Blida, *pas un inspecteur de colonisation n'est venu, de* 1853 *à* 1861, *inventorier ni constructions, ni matériel, ni cultures;* aussi Kandouri n'existe pas encore pour les statistiques officielles. Combien d'autres établissements plus éloignés peuvent être l'objet du même oubli!

Mais, je reviens à mon sujet : les locations de terres aux indigènes. Par ce que je viens de dire, on peut voir que c'est parfois une regrettable nécessité et toujours une très pauvre opération.

Dans nos exploitations, nous employons des bras indigènes concurremment avec des bras européens; quelques-uns même sont fermiers partiaires, à mi-fruit, comme en France, et non pas au cinquième, à la mode barbaresque, et, je le crois, ils se trouvent aussi bien que nous de cette assimilation. Sous notre direction, avec de meilleurs instruments, avec plus de force dans leurs attelages, nos fermiers indigènes cultivent une superficie double de celle de leurs autres coreligionnaires, parce que la terre est défrichée, et ils obtiennent un rendement quadruple, parce que la terre est mieux fumée, mieux travaillée.

D'ailleurs, si c'est un crime pour les Européens d'employer des indigènes sur leurs terres, le gouvernement est plus que le complice de ce crime, car un décret impérial exonère de l'impôt de l'*achour* (dîme arabe), à titre de prime d'encouragement, tout indigène qui cultive, soit comme fermier, soit même comme simple locataire, une terre appartenant à des Européens.

La conclusion de cette lettre est facile à tirer :

La dissémination, l'éparpillement de la colonisation rendent difficile l'appréciation vraie des travaux des colons.

Les terres domaniales, concédées aux Européens, n'ont été et n'ont pu être rétrocédées aux indigènes, ni dans la proportion du tiers, ni même du dixième, mais seulement dans une infime minorité inappréciable en chiffres.

Les Français, à l'exclusion des étrangers, sont propriétaires de l'immense majorité des terres.

L'industrie agricole, loin d'être une exception,

est l'œuvre dominante, celle de laquelle dépend l'existence de la presque totalité de la population algérienne.

Les seules terres qui, depuis 1830, et même depuis l'occupation romaine, aient été défrichées en Algérie, doivent leur régénération à des bras européens et à des capitaux français, à l'exclusion de tout concours indigène, car les Arabes sont complétement impropres à un travail aussi fatigant.

Toutes les terres, concédées ou achetées, sont en très grande majorité couvertes d'habitations bâties, de plantations et de cultures, et si quelques terres attendent encore leur fécondation par des bras européens, c'est que des obstacles insurmontables par des particuliers s'opposent momentanément à la prise de possession effective.

Les indigènes, jusqu'à ce jour, n'ont été que des auxiliaires et non les principaux agents de la mise en valeur du sol.

Bref, le progrès suit normalement son cours et si des obstacles le retardent, ils sont imputables à d'autres qu'aux colons, notamment à ceux qui, en 1862, osent qualifier les résultats de tant de généreux efforts d'*humiliante négation*.

Vous remarquerez, mon cher monsieur Guéroult, que, pour défendre la cause des colons, il n'est pas nécessaire de récriminer contre qui que ce soit ou quoi que ce soit ; le simple exposé de la vérité suffit à leur justification.

Maintenant, après avoir fait justice des accusations formulées contre les colons, je demanderai l'hospitalité dans les colonnes de votre journal pour quelques notes sur la situation de la possession du sol par les indigènes au moment de la conquête?

Vous m'accorderez encore cette faveur, je l'espère, car le Sénat est saisi de la question, et tous les sénateurs ne peuvent pas démêler ce qu'il y a de vrai ou de faux dans tout ce qu'on a écrit sur un sujet resté jusqu'à ce jour fort obscur.

Veuillez agréer, etc.

A. WARNIER.

VIII

DE LA POSSESSION DU SOL PAR LES INDIGÈNES.

Cette question, à l'ordre du jour des délibérations des divers conseils du gouvernement, depuis cinq ans, n'est pas encore résolue.

On a cherché, jusqu'à présent, à concilier deux choses inconciliables : le droit musulman avec le droit français. Là est le secret de l'insuccès de toutes les tentatives de solution.

A notre avis, la conquête nous avait livré le sol de l'Algérie ; nous devions, à l'exemple de tous nos prédécesseurs, Romains, Arabes, Berbères et Turcs, chercher la solution du problème dans l'application révolutionnaire du droit de conquête, en faisant une part légitime à tous les besoins et en appliquant les principes du Code français à la propriété constituée sur des bases nouvelles.

Hors de là, point de salut. Nous allons le démontrer.

L'article 11 de la loi du 20 juin 1851, constitutive de la propriété en Algérie, est ainsi conçu :

« Sont reconnus tels qu'ils existaient *au moment*
» *de la conquête*, ou tels qu'ils ont été maintenus,
» réglés ou constitués postérieurement par le gou-
» vernement français, les droits de propriété et les
» droits de jouissance appartenant aux particuliers,
» aux tribus et aux fractions de tribus. »

Dans sa lettre à M. le maréchal gouverneur général de l'Algérie, S. M. l'Empereur s'exprime ainsi sur cet article :

« La loi de 1851 avait consacré les droits de pro-
» priété et de jouissance existant au temps de la
» conquête, mais la jouissance, mal définie, était
» demeurée incertaine. Le moment est venu de sor-
» tir de cette situation précaire. »

Comme moyen de sortir de cette situation, l'Empereur prescrit au maréchal, ministre de la guerre, de préparer un projet de sénatus-consulte dont l'article principal aura pour objet de :

« *Rendre les tribus ou fractions de tribus proprié-*
» *taires incommutables des territoires qu'elles occupent,*
» *à demeure fixe et dont elles ont la jouissance tradi-*
» *tionnelle, à quelque titre que ce soit.* »

Cette résolution souveraine est certainement un acheminement vers une solution, mais elle laisse à ceux qui appliqueront le sénatus-consulte le soin de prononcer sur *la jouissance traditionnelle*, conséquemment de rechercher l'origine de la possession, ce qui présentera plus d'une fois des difficultés ; et elle laisse irrésolue cette autre question capitale, à savoir quelle loi va régir la nouvelle propriété incommutable.

Ces deux inconnues : la détermination de la jouissance traditionnelle et le choix de la loi appelée à régir la propriété nouvelle, nous ramènent à cette troisième inconnue devant laquelle s'est trouvé le législateur de 1851, à savoir quels étaient les droits et le mode d'occupation du sol au moment de la conquête. Sans doute, nul n'a la pensée de légitimer toutes les usurpations et les fraudes commises à l'égard du domaine de l'Etat et du domaine public, dans les longs interrègnes qui séparent le moment où les indigènes ont cessé de relever du gouvernement turc, de celui où ils ont définitivement accepté ou subi notre domination. Nul ne croit assez à la moralité des chefs arabes pour prétendre qu'ils se sont bornés à nous combattre les armes à la main et qu'ils ne se sont pas approprié tout ce qui était à leur convenance, ne fût-ce que pour ne pas faillir au génie de leur race et à la légitime réputation de pillards qui leur est acquise partout.

Un coup d'œil rétrospectif sur la situation territoriale, avant 1830, ne sera donc pas sans intérêt.

En droit musulman, répèterons-nous, le sol est avant tout propriété de Dieu, qui a inféodé la terre à l'humanité.

La disposition du sol appartient : au souverain, représentant de Dieu dans l'Etat ; aux délégués du souverain dans la tribu, dans la famille.

L'usage n'est octroyé à l'individu qu'à deux conditions : l'une envers Dieu, la culture et la dîme sur la récolte ; l'autre envers le souverain, la soumission à ses lois et l'acquittement d'une redevance pour les dépenses publiques.

A l'arrivée des Turcs en Algérie, et depuis la conversion des Berbères à l'islamisme, tel était, *en droit*, le principe général de la possession du sol sur toute l'étendue de la Régence d'Alger.

En fait, à l'époque de la conquête turque, la rigueur de ce droit universel et absolu a cédé devant les nécessités de la politique.

Les modifications apportées par ces nécessités varient dans les trois provinces.

Dans celle d'Alger, les Turcs trouvèrent le territoire du littoral au pouvoir d'une tribu arabe puissante, les Ouled Taalba, dont le cheikh, Selim-ben-Tehmi, était presque un souverain. Sélim avait réclamé le concours des vaisseaux de Barberousse pour expulser les Espagnols du fort, le Peñon, qu'ils occupaient à l'entrée du port d'Alger. Ce résultat obtenu, les Turcs décapitèrent le cheikh pour s'emparer de son pouvoir sur les hommes et sur les choses.

Cet acte d'usurpation amena la révolte des Taalba, qui furent refoulés, par la force, au loin dans les montagnes, et la Mitidja devint un véritable désert.

Cependant, à des hommes qui voulaient fonder un royaume, il fallait des sujets, et, pour en avoir, ils eurent recours à l'expédient de vendre aux enchères publiques toutes les terres délaissées par les tribus révoltées et admirent tous les indigènes de la province à concourir aux enchères, à la condition de résider sur les terres achetées et de reconnaître la souveraineté des nouveaux maîtres d'Alger.

L'appat du *Melk* (nom arabe de la possession individuelle) rappela successivement des habitants dans le pays ; ils furent constitués en six kaïdats placés sous l'autorité immédiate de fonctionnaires turcs.

Telle est la barrière que la politique des fondateurs de l'ancienne Régence opposa à l'esprit d'indépendance nationale en armes contre la domination étrangère.

En s'associant à la lutte des tribus contre les Turcs, les acquéreurs de terres eussent perdu le privilége du *Melk ;* en le défendant, ils fondaient la domination de l'oudjak d'Alger.

L'intérêt politique, qui avait créé cette exception au droit commun musulman, la fit, dans la suite, respecter comme un rempart contre les irruptions des partis hostiles.

Dans la province de l'Ouest, Oran était au pouvoir des Espagnols, et le roi de Tlemsen leur payait tribut.

Là, pour avoir des sujets, les Turcs n'eurent qu'à proclamer la guerre sainte contre les infidèles.

Toute la partie du littoral comprise entre le Chélif et la Tafna, exposée aux invasions des colonnes espagnoles, était inhabitée. Les Turcs la repeuplèrent, non pas en y créant le *Melk,* comme aux environs d'Alger, mais en y organisant des milices, sous le nom de *Maghzen,* et en affectant les terres disponibles aux besoins de ces Maghzen.

La lutte qui devait se continuer, entre les Maghzen et les Espagnols, jusqu'à la fin du siècle dernier, faisait de cette organisation spéciale une sorte d'obligation.

Dans la province de Constantine, les adversaires de la domination turque résidaient loin de la capitale, au nord, dans les montagnes des Kabyles, au sud, dans les montagnes des Chaouia et dans le Sahara. Le sol, autour de la ville, était, selon le droit commun, à la disposition du souverain ; il le constitua en *Azel* ou réserves domaniales. Les territoires frontières de ces *Azel* furent donnés en jouissance à de grandes tribus, de formation administrative, qui, par le nombre de leurs défenseurs, pouvaient s'opposer à l'irruption des montagnards et des nomades sur les paisibles Fellahs des terres domaniales.

Ainsi, dès le début de la conquête turque, trois grandes modifications au droit commun général, et sous trois formes différentes, sont introduites en matière de disposition du sol :

Le *Melk*, affectation privée, autour d'Alger;

Le *Maghzen,* inféodation militaire, autour d'Oran;

L'*Azel*, réserve spéciale du souverain, autour de Constantine.

Dans la suite, ces trois formes d'affectation du sol furent, suivant les besoins, étendues sur les principaux points de la Régence.

Le bénéfice du Melk fut octroyé, ici, à de grandes familles, puissantes et guerrières, dont le concours était nécessaire pour maintenir la paix; là, à des marabouts vénérés qu'il importait de rallier au pouvoir; ailleurs, à des chefs d'établissements d'instruction publique, connus dans le pays sous le nom de *Zaouia,* sorte d'*aumôneries* (dans le sens primitif du mot) où toutes les misères sociales trouvaient au moins un asile. Cependant, malgré l'extension de ces libéralités territoriales, le Melk est toujours resté une exception.

La *maghzenisation* du sol s'est au contraire généralisée, autour de tous les centres de la domination turque, et principalement sur les routes impériales (*trek sultania*) suivies par le commerce, par les troupes et les convois du gouvernement.

Ainsi, entre Alger et Oran, entre Alger et Médéa, chef-lieu du beylik de Titri, entre Alger et Constantine, entre Constantine et son annexe de Bone, la presque totalité des territoires traversés par les routes avait été rendue Maghzen et était occupée par des postes de milices généralement connus sous les noms de *Zmala, Zmoul, Douair, Abid, Mekhalia.* De cette façon, le pays était coupé en plusieurs fractions par des lignes de postes permanents qui le surveillaient, et, par leur vigilance continuelle, rendaient plus facile l'administration de tant de tribus turbulentes.

L'*azelification* reçut aussi une extension considérable.

Dans chaque tribu, il y avait un Azel pour les cultures par corvées (*touiza*) au profit du beylik ;

Dans chaque canton, il y avait un Azel sur lequel étaient établis les silos du gouvernement pour l'emmagasinement des céréales provenant de la dîme et sur lequel demeurait le kaïd de la dîme, avec sa famille et ses troupeaux;

Dans chaque beylik, il y avait de très nombreux et très vastes Azel pour le pacage du bétail provenant de l'impôt, alors payé en nature. Cette spécialité d'Azel portait le nom d'*Azib*. Il y avait l'Azib des étalons, celui des juments, celui des chevaux de bât et des mulets, celui des chameaux, celui des bœufs et des vaches, enfin celui des moutons et chèvres.

Sur toutes les routes que les troupeaux de cette origine parcouraient pour se rendre à leur quartier général et de là au marché où ils étaient vendus, comme aussi sur tous le parcours des convois qui allaient chercher les grains de la dîme, il y avait, à chaque étape, sur les deux rives d'un cours d'eau, l'Azib sur lequel les convois trouvaient leur pâture.

Enfin, pour terminer cette nomenclature des réserves domaniales, il y a à ajouter qu'un Azel était affecté, comme rétribution, à chaque fonction gouvernementale, depuis les hautes dignités d'écrivain en chef et de garde des sceaux, jusqu'aux emplois plus modestes de kaïd de la pipe, kaïd des chiens, même de dresseurs des tentes des beys.

Il était de principe, sous le régime turc, de ne payer les services administratifs que par la jouissance d'un ou de plusieurs Azel.

Le nombre devait en être considérable, à en juger par les crédits budgétaires que nous consacrons à la solde de nos agents, quoique nous n'ayons ni kaïd de la pipe, ni kaïd des chiens.

Par l'examen, *en fait*, des circonstances politiques qui avaient amené les Turcs à modifier le principe du droit commun musulman, en matière de possession, nous avons fait connaissance avec trois modes d'affectation du sol, le Melk, le Maghzen et l'Azel.

Nous compléterons la nomenclature en ajoutant que toute terre qui ne rentre pas dans l'une de ces trois catégories est réputée *Arch* ou *Sabega*, c'est-à-dire affectée à la jouissance des tribus, mais la terre Arch comprend deux natures de terres que distingue la législation musulmane : la *terre vivante*, c'est-à-dire celle vivifiée par le travail de l'homme et la *terre morte* ou terre inculte.

De là, cinq natures de terre, dont il importe de bien définir les caractères distinctifs.

Définissons donc les droits réels des tenanciers dans chacune de ces cinq formes de possession.

Le Melk, que nous avons à tort assimilé à la propriété privée, telle qu'elle est définie dans nos codes, n'était qu'un abandon fait par le souverain, à titre gracieux, de son droit supérieur de libre disposition, sur une terre définie, délimitée, au profit d'une famille ou d'une communauté, mais avec réserve expresse du droit du chef de l'Etat, comme représentant de Dieu, à la nue propriété.

Le respect du Melk, après le décès du souverain qui l'avait conféré, n'était pas obligatoire pour le successeur; aussi, à l'avénement d'un nouveau maître, voyait-on les détenteurs de bénéfices Melk s'empresser de les faire confirmer et, même, nous avons vu, au début de la conquête, plus d'un indigène venir demander à nos généraux d'apposer leurs cachets de commandement sur leurs titres de Melk.

Comme la conservation, la libre transmission du Melk était subordonnée à l'approbation du souverain; la demande d'autorisation de vendre devait être motivée, et l'acquéreur présenté devait appartenir à la classe des notables. Ainsi, l'argent ne suffisait pas pour acquérir, il fallait être reconnu par le souverain digne d'avoir un Melk.

Le Melk n'est donc pas *la propriété avec droit d'user et d'abuser*.

Beaucoup de ceux qui, en Algérie, ont vu, depuis 1830, les indigènes trafiquer librement de leurs titres, douteront de l'exactitude de nos informations. Nous nous bornerons à leur répondre que nous avons étudié spécialement cette question, à Mascara, de 1837 à 1839, et à Constantine, en 1840 et 1841 (1), d'abord, quand nous avions l'honneur d'être attaché au commissariat du gouvernement près d'Abd-el-Kader, et, depuis, comme secrétaire de la commission (2) chargée de reconstituer le domaine de l'État dans le gouvernement de

(1) Le commissariat du gouvernement près d'Abd-el-Kader a eu à revendiquer, au profit de nos alliés, les Arabes du général Mustapha, le droit d'exercice du Melk dans les territoires abandonnés au nouvel Émir par le traité de la Tafna. Abd-el-Kader n'a contesté ni l'authenticité des titres qui émanaient des anciens beys d'Oran, ni dénié le droit de nos Arabes à posséder, dans son Émirat, comme celui de ses sujets à posséder dans les possessions françaises, en vertu d'un article spécial du susdit traité ; mais il nous expliqua très bien que le Melk n'était pas le droit de propriété tel qu'il était défini dans nos codes; qu'en droit musulman, la concession, la confirmation et la transmission du Melk n'étaient que des actes de faveur princière toujours révocables.

A Constantine, la presque totalité des titres Melk de la partie alors soumise de la province, a été déposée au secrétariat de la commission des biens du Beylik, et tous ceux qui s'appliquaient à des terres autres que des jardins portaient le cachet de la succession des beys de Constantine depuis la constitution du Melk ; quelques-uns étaient revêtus du sceau des souverains de la Sublime-Porte.

(2) Cette commission était présidée par M. le général Lebreton, aujourd'hui député au Corps Législatif.

l'ancien bey Akhmet, et cela, avant que l'interprétation européenne du droit du Melk eût profondément modifié ses bases constitutives.

D'ailleurs, ne trouvons-nous pas dans les achats de titres Melk — plutôt que de terres — qui ont inauguré la colonisation libre en Algérie, dès le début de la conquête, trois faits, de notoriété publique, qui confirment notre opinion :

Partout, le Melk nous a été cédé à l'état d'indivision.

Partout, le Melk était *habous,* c'est-à-dire placé sous la sauvegarde d'une substitution religieuse pour éviter la revendication.

Partout, le Melk nous a été, *non pas vendu,* MAIS LOUÉ A PERPÉTUITÉ, avec cette clause de tous les baux de location en France, *d'entretenir, de traiter la chose louée en bon père de famille.*

Pourquoi l'indivision? C'est que la division entre frères, comme la transmission entre étrangers, exigeait l'autorisation préalable du souverain.

Pourquoi la pieuse fraude du *habous?* C'est qu'elle était un contrepoids au droit supérieur du souverain.

Pourquoi la location et non la vente? C'est que le droit de vendre n'appartenait pas au bénéficiaire du Melk.

Tous les jurisconsultes musulmans sont d'accord avec nous sur ce point capital :

« La propriété, dit le docteur Perron, traducteur » du *Traité de jurisprudence musulmane* de Sidi Khelil, » n'existe pas chez les musulmans, dans le sens que » nous l'entendons; *la propriété,* pour la loi musul- » mane, N'EST QU'UNE POSSESSION. »

En effet, Sidi Khelil, qui consacre des volumes à la codification de la propriété mobilière, borne tout ce qu'il a à dire sur la possession foncière à trois paragraphes :

§ 1er. Vivification des terres mortes,

§ 2e. Concessions,

§ 3e. Appropriation par droit seigneurial.

Pour la vivification, l'autorisation du souverain est nécessaire.

La concession ne peut être faite que par le souverain, et le souverain ne peut faire de concession dans les pays conquis de vive force, — tel est le cas de l'Algérie, — par la raison que la conquête opérée de vive force, *immobilise immédiatement les terres au profit de la communauté musulmane.*

L'appropriation par droit seigneurial s'applique uniquement aux terres de l'Arabie et à celles de ces terres qui étaient ainsi constituées avant l'Islamisme.

Ainsi, des trois paragraphes consacrés par Sidi Khelil à la possession du sol, un seul serait applicable à l'Algérie, *celui relatif à la vivification des terres mortes,* si les Arabes, au moment de la conquête, n'avaient trouvé tout le pays vivifié par les Romains, et si, au lieu d'entretenir la terre en bon état de culture, ils n'avaient pas permis à la friche de la reconquérir et de la ramener à l'état de *terre morte.*

UNE CHOSE qui n'a d'autre code que ces trois paragraphes, résumés textuellement, ne peut être ce qu'est *la propriété foncière* pour nous.

La terre Maghzen (*Bled el Maghzen*) est incontestablement une terre domaniale, comme le sont chez nous les casernes, les terrains de fortification, les champs de manœuvre, les polygones de l'artillerie, comme le seraient les terres de culture des garnisons, s'il était entré dans nos habitudes de faire produire par nos soldats le pain, la viande et les légumes qu'ils consomment, ainsi que les fourrages et les grains qui composent la ration journalière des chevaux de notre cavalerie, de notre artillerie, de nos trains d'équipages militaires.

Mais sur ces terres Maghzen vivent, depuis des siècles, des familles guerrières, — appartenant il est vrai originellement à d'autres tribus, — qui semblent avoir un droit traditionnel à l'occupation de ces terres, bien qu'elles ne soient plus, sous notre gouvernement, assujetties au service militaire qui, sous le gouvernement antérieur, donnait une certaine légitimité à leur occupation.

Parmi les familles détentrices des terres Maghzen, le plus grand nombre a soutenu énergiquement la lutte nationale engagée contre notre domination; mais il en est quelques-unes, entr'autres les Douair et Zmala d'Oran, qui se sont, tout d'abord, rangés sous notre drapeau et l'ont énergiquement défendu, sans la moindre irrésolution, contre leurs orthodoxes coreligionnaires.

Quelle décision le gouvernement prendra-t-il à l'égard de ces terres domaniales et des familles qui ont continué à les occuper?

Le cantonnement général, mieux qu'une solution radicale, nous a toujours semblé préférable pour tenir compte des droits des détenteurs de ces terres.

Nous devons ici faire une observation importante:

les terres Maghzen embrassent toutes les positions stratégiques du pays ; leur affectation à des corps militaires était la clef de voûte de la domination turque. Et, chose bien digne de remarque, la zone qu'elles comprennent était la base de l'occupation romaine, comme, à notre avis, la même zone doit être la base de l'occupation française si nous voulons fonder, en Algérie, un établissement capable de résister à toutes les éventualités du dedans et du dehors. Tant il est vrai que, pour chaque contrée du globe, il y a des lois naturelles de répartition des populations dominatrices, auxquelles nulle d'elles ne peut se soustraire sans que son existence soit compromise.

Nous le répétons, avec une conviction que rien ne saurait ébranler, l'établissement de la France en Algérie sera précaire tant que nous n'occuperons pas, par la colonisation, la zone centrale du Tell, base de l'occupation turque et romaine, et siége des terres Maghzen ainsi que du réseau des chemins de fer décrété et concédé.

La terre *Azel*, comme la terre Maghzen, est aussi domaniale, mais est-elle disponible en totalité ?

Sans doute, celles de ces terres affectées à des fonctions ou à des services publics supprimés peuvent, sans inconvénient, faire retour à l'Etat; mais il est une grande partie de ces terres sur lesquelles la politique turque, qui ne disposait pas de 60,000 hommes de troupes régulières pour appuyer son autorité, avait établi des colonies appartenant à des tribus réfractaires, colonies qui servaient de lien entre le gouvernement et les tribus métropoles que l'éloignement ou l'âpreté des lieux ne permettaient pas d'atteindre.

Ainsi, sur les Azel de la province de Constantine, on compte presque autant de ces colonies qu'il y avait, dans le Sahara, dans les montagnes de la chaîne aurasique et des massifs kabyles, de tribus indépendantes des Turcs. Il en de même dans les autres provinces, quoiqu'à un degré moindre.

Il est de ces colonies qui ont un, deux et trois siècles d'existence sur les terres domaniales, à elles louées annuellement, qu'elles occupent. Renverra-t-on ces colonies dans leurs tribus d'origine, ou respectera-t-on leur longue occupation, en modifiant leur droit de possession ?... Question ardue, difficilement conciliable avec la nécessité d'implanter la colonisation européenne dans le pays pour conserver à la France une conquête trop légitimement et trop chèrement acquise pour qu'on ne fasse point passer l'intérêt de conservation au-dessus de tous les autres.

Enfin, arrivons à la terre *Arch*, celle dont la jouissance appartenait aux tribus, et qui, d'après certaines prétentions, comprendrait tout ce qui n'avait pas été constitué par le souverain en Melk, en Maghzen ou en Azel.

En fait, c'était à peu près cela, car, dans un pays où la raison du plus fort a toujours été la meilleure, les tribus pouvaient, à peu près, disposer de tout ce qui n'avait pas une affectation spéciale.

En droit, la jouissance reconnue, garantie, la seule que les tribus puissent légitimement revendiquer aujourd'hui, était limitée, *en temps*, à la durée nécessaire à la culture; *en superficie*, à la portion de terre cultivée ou utilisée et pour laquelle l'usufruitier payait redevance au souverain.

Cette partie des terres cultivées, à l'usage commun des tribus, a un nom très significatif dans la langue musulmane : la TERRE VIVANTE, celle qui produit subsistance pour l'exploitant, impôt pour le souverain.

Le droit de jouissance sur la terre vivante était absolu pour tout *contribule* pouvant et voulant l'exercer; ainsi, tel qui n'avait pas cultivé hier pouvait cultiver aujourd'hui. On lui faisait place.

Le droit n'était pas égalitaire en superficie : tel, n'ayant cultivé que dix hectares l'année précédente, pouvait en cultiver cent l'année suivante.

La faculté de conserver exclusivement telle parcelle de terre était une faveur souvent consentie pour une personne respectée, mais jamais un droit.

Tout ce qui, après la répartition des terres de culture entre chaque ayant droit, restait disponible, était, dans les tribus, appelé *bien de Dieu* (khrer Allah), ce que les jurisconsultes qualifient TERRE MORTE, comprenant toutes les terres de pacage, les broussailles, les forêts même.

« Les terres qui ne conviennent pas à la culture » des céréales et grains, dit *Sidi Khelil*, sont TERRES » MORTES, *quand bien même elles seraient propres à* » *l'arboriculture.* »

A aucune époque, la *terre morte* des savants, le *bien de Dieu* des paysans, n'ont été réputés appartenir à une tribu plutôt qu'à une autre.

Dans l'usage, les troupeaux des tribus des hauts plateaux, où la température est froide et la végétation nulle en hiver, descendent pacager dans les terres de parcours, plus chaudes, plus verdoyantes, des tribus du littoral.

Quand vient l'été, époque où tout est grillé sur le littoral, les tribus de cette zone envoient leurs troupeaux dans les parcours des hauts plateaux.

Les nomades du Sahara, quand les herbages leur manquent dans les immenses steppes du Sud, viennent dans le Tell avec leurs troupeaux partager le bien de Dieu des tribus sédentaires.

« Nul individu n'a le droit, dit encore Sidi Khelil, de s'opposer à ce que des troupeaux paissent » les herbes poussées spontanément. »

Et le Traité de Sidi Khelil est le seul Code des musulmans de l'Algérie.

La loi de 1851 a décidé que toutes les forêts de l'Algérie étaient propriété de l'État, et le service forestier a pu en prendre possession sans aucune contestation de la part des indigènes, non parce qu'elles faisaient partie du domaine de l'Etat sous le gouvernement turc, — attendu qu'aucune forêt n'a jamais été inscrite sur les sommiers de consistance domaniale de nos prédécesseurs, — mais par application du droit commun musulman qui répute vacantes et libres toutes les terres mortes, au nombre desquelles figurent toutes les terres qui ne sont pas vivifiées par la culture.

Armé de la loi de 1851, qui attribue à l'État la partie des terres mortes pouvant être réputées bois et forêts ; armé de la loi musulmane, qui n'attribue à personne un droit de jouissance privilégiée sur les autres catégories de terres mortes, serons-nous quelque peu téméraire en prétendant que la lettre de l'Empereur au maréchal gouverneur général de l'Algérie, *en rendant les tribus propriétaires incommutables des territoires dont elles ont la jouissance traditionnelle*, ne leur attribue, en réalité, que les terres vivantes, dont la jouissance seule leur est conférée par la loi musulmane?

Le *Moniteur algérien*, dans deux notes, l'une du 14, l'autre du 28 février, semble indiquer que telle est l'opinion du gouvernement. Dans ce cas, le législateur ne doit laisser subsister aucun doute, car c'est l'incertitude en toute matière qui a, jusqu'à ce jour, arrêté le développement de l'Algérie.

Nous aurions terminé notre tâche, en ce qui concerne la propriété en Algérie, si, dans cette longue étude, nous n'avions constaté un fait énorme : c'est que la loi musulmane n'a pas de Code de la propriété, — la propriété incommutable, avec droit d'user et d'abuser, n'existant pas pour elle.

Dans cette situation, un sénatus-consulte ne peut constituer la propriété en Algérie, au profit des Musulmans, sans désigner en même temps la loi qui la régira.

Cette question va être examinée avec tout le soin qu'elle comporte.

Mais pendant que nous écrivons ces lignes, un journal grave, les *Débats* (n° du 11 mars), vient de produire une doctrine nouvelle, contraire à tout ce que nous venons d'exposer. Il importe donc de la réfuter avant qu'elle ait pris racine dans l'opinion publique.

Voici ce que dit le *Journal des Débats :*

« La loi de 1851 a déclaré les droits de propriété des indigènes et des Européens inviolables. En ce qui touche les biens *Melk* et *Azel*, la reconnaissance de ces droits peut se faire relativement avec facilité. Il devrait en être de même pour les terres *Arch*, et pourtant on a soulevé à ce sujet mille difficultés, mille questions litigieuses. Discutant sur des textes obscurs, cherchant à fausser le sens du Coran, seul Code des musulmans, argumentant sur des données incertaines ou erronées, on a prétendu que l'usufruit seul des terres *Arch* appartenait aux tribus ou aux individus qui les composent, et que la nue propriété en appartenait à l'Etat. Cette opinion, *maintenant réfutée*, avait les conséquences les plus graves; elle blessait l'équité et lésait les intérêts et les droits des Arabes. En effet, étant posé que l'usufruit seul des terres *Arch* appartenait aux indigènes, il devait paraître juste, lorsqu'on transformerait ces droits d'usufruit en droit de propriété, de réduire l'étendue des terres accordées à chaque tribu. En consacrant, en complétant les droits des Arabes, on diminuait la surface des terres sur lesquelles s'exerçaient ces droits; et ainsi ce qu'ils perdaient d'un côté comme usufruitiers, ils le regagnaient de l'autre comme propriétaires définitifs. Telle était l'opération du cantonnement. Partant du faux principe que l'Etat était nu propriétaire des terres *Arch*, cette mesure avait des conséquences essentiellement injustes et violait ouvertement l'art. 10 de la loi de 1851.

» Cependant un pareil système devait de prime abord séduire les Européens; la vaste étendue de terrains qu'il mettait de suite entre les mains de l'administration et à la disposition des émigrants devait paraître éminemment favorable à l'implantation de l'élément colonisateur. Aussi le cantonnement trouva-t-il de chauds partisans en France et en Algérie. Les uns de bonne foi, les autres à bon escient, soutinrent ce système, qui eut son moment de popularité et de succès. *Mais un examen approfondi de la question, une étude sérieuse des faits et des documents sur lesquels on s'appuyait démontra bientôt la fausseté du principe qui servait de base à l'édifice du cantonnement. On fut forcé de reconnaître que l'Etat n'avait aucun droit sur les terres Arch, et que la nue propriété, si elle existait*, APPARTENAIT A LA TRIBU. Aucun doute ne saurait plus s'élever à ce sujet, et *des documents authentiques, en établissant que les Turcs ont* QUELQUEFOIS ACHETÉ des terres *Arch* pour les faire entrer dans le domaine de l'Etat, prouvent suffisamment que ces terres ne faisaient pas auparavant partie de ce même domaine. »

Cet article est signé : ALBERT PETIT.

Beaucoup d'erreurs et de confusions sont contenues dans ces lignes :

D'abord, aucun partisan du cantonnement n'a jamais prétendu que la terre *Arch* fît partie du domaine de l'Etat. Le cantonnement reposait au contraire sur la reconnaissance complète et absolue du droit de jouissance des tribus.

Ensuite, il est faux que l'opinion qui attribuait à l'Etat la nue propriété des terres *Arch* soit maintenant réfutée, car l'opinion contraire, qui concède à la tribu et la nue propriété et la jouissance, — concession qui transforme l'*Arch* en *Melk*, — se produit ici pour la première fois et sans aucune preuve à l'appui, car on ne peut considérer comme preuve l'achat très exceptionnel par les Turcs de terres *Arch*, pour les faire entrer dans le domaine de l'Etat.

A notre connaissance, les Turcs ont acheté aux indigènes une portion de terre à la tribu des Beni-Bou-Halouan, entre Médéa, Miliana et Blida, pour y établir le fort de Bou-Halouan, occupé par une garnison turque et un Maghzen, et nous serions bien étonné si on pouvait citer un autre exemple.

Mais que prouve ce fait exceptionnel, comme ceux analogues qu'on pourrait découvrir encore?

Si la terre était *Arch*, les Turcs ne faisaient qu'acte de haute justice en rachetant à la tribu le droit d'usufruit dont on la privait. Est-ce que chaque jour, à Paris, on n'accorde pas des indemnités aux locataires des maisons expropriées?

Mais les tribus n'occupaient pas que des terres *Arch*. Nous avons dit que le premier acte de l'administration turque avait été de fonder la possession *Melk* par des ventes aux enchères publiques, dans les territoires des six kaïdats qui enveloppaient Alger, *la bien gardée*, pour opposer le rempart de la possession individuelle aux incursions des tribus hostiles à la domination des nouveaux maîtres.

Bien que les Turcs fussent peu respectueux des droits de leurs sujets arabes, ils ne pouvaient décemment leur reprendre, sans les racheter, des terres qu'ils avaient eux-mêmes vendues; ils le pouvaient d'autant moins, dans les environs immédiats d'Alger, que, par une confiscation, ils eussent eux-mêmes détruit la barrière que leur politique avait opposée aux rebelles.

La terre de la tribu de Bou-Halouan, seul exemple d'achat connu, était comprise dans l'un des six kaïdats où le *Melk* avait été constitué, ainsi que nous l'avons dit et pour les raisons politiques ci-dessus signalées.

Cette terre était située sur la frontière des tribus rebelles. Ses détenteurs, quoique animés de la meilleure intention de faire respecter leurs biens, ne le pouvaient. Les Turcs la leur rachetèrent pour y construire un fort, avec de l'artillerie, y mettre une garnison, éclairée elle-même par un Maghzen.

Tout a sa raison d'être dans ce monde, et les exceptions motivées confirment ordinairement les règles générales.

Le droit commun islamique n'est donc pas infirmé par les *quelques achats* dont on parle aujourd'hui.

Ces achats étaient connus de tous les gouverneurs qui ont proposé le cantonnement, et cette circonstance ne les a pas empêchés de persévérer dans leurs propositions jusqu'au jour où une autre solution, EN APPARENCE, *d'une exécution plus facile*, a été recommandée à la sollicitude du gouvernement.

Disons toute notre pensée à ce sujet : Le projet de cantonnement est repoussé, parce qu'il laissait beaucoup à désirer tel qu'il a été présenté. Une œuvre de cet ordre ne saurait jamais sortir parfaite des mains de commissions dont la plupart des membres avaient besoin de prendre des avis étrangers pour se former une opinion.

Toucher à la possession du sol, statuer sur son attribution, est une tâche difficile, délicate, complexe, nous le reconnaissons ; mais les Turcs, au-dessus desquels nous nous plaçons avec raison, n'ont pas reculé devant cet énorme embarras, nous venons de le démontrer. Antérieurement, nous apprennent les historiens arabes, les souverains berbères avaient trouvé la possession du sol dans la plus grande anarchie; ils l'avaient régularisée; ils avaient fait opérer le cadastre de toutes les terres et leur avaient appliqué l'impôt de superficie.

L'entreprise du cantonnement général des tribus n'était donc pas nouvelle et sans précédents?

Une autre solution est préférée. Remplit-elle le but qu'on se propose? Il ne suffit pas de donner la terre aux indigènes; il faut encore décider quelle loi régira la propriété nouvelle.

IX

PAR QUEL CODE SERA RÉGIE LA NOUVELLE PROPRIÉTÉ ?

Cette question doit enfin être posée. Ni le projet de décret de cantonnement, ni le projet de sénatus-consulte ne laissent prévoir quelle est, à ce sujet, la pensée du gouvernement.

Nous savons quelle réponse peut nous être faite.

Le Melk, nous dira-t-on, existe chez les indigènes. On appliquera à la propriété nouvelle la loi ou les Coutumes qui régissent le Melk, comme on l'a fait depuis 1830; il est donc inutile de saisir le législateur d'une question passée à l'état de fait accompli.

Cette manière d'échapper à une situation délicate ne nous satisfait pas.

Le Melk, nous l'avons démontré, n'est pas la propriété telle que nous voulons la constituer.

Le Melk, n'étant qu'une exception au droit commun musulman, une tolérance du souverain dans un intérêt politique, n'a pas son Code dans la législation générale; le *Traité de jurisprudence* de Sidi Khelil, comprenant sept gros volumes, et traduit en son entier par ordre du ministère de la guerre, en fait foi.

A défaut de loi, des Coutumes locales, variables à l'infini, suivant les lieux, les circonstances, suppléent, il est vrai, à l'absence d'un Code spécial. Mais ces Coutumes ne sont formulées nulle part; nous ne les connaissons pas. Chaque fois que des tentatives ont été faites pour les connaître, on s'est de suite aperçu que le fond même des Coutumes, relatives au Melk, ne reposait sur rien, si ce n'est sur la fraude ou sur l'anarchie la plus complète. Nous en prenons à témoin les réponses faites au questionnaire adressé, sous le gouvernement de M. le maréchal Randon, à tous les kadis de l'Algérie, en vue d'éclairer de quelque lumière cette question capitale. Aucun n'est d'accord avec ses collègues sur quoi que ce soit.

Nous avons mieux que les réponses faites à ce questionnaire : l'expérience, la meilleure de toutes les pierres de touche, a prononcé souverainement.

Le régime de la liberté des transactions sur le Melk a prévalu, en Algérie, à deux époques différentes : de 1830 à 1846, de 1858 à 1859.

Pendant la première période, 200,000 hectares environ de terres Melk furent achetés par les Européens aux indigènes.

Les tristes souvenirs de cette époque sont présents à la mémoire de tous : chaque transaction était un nid à procès et à procès impossibles à vider judiciairement. La magistrature française, à supposer qu'elle eût pu trouver un fil d'Ariane pour la guider dans un dédale d'obscurités et de fraudes, eût dû consacrer cent ans à régler tous les litiges.

La situation fut jugée assez grave pour qu'en 1846 l'administration ait cru devoir interdire toute transaction nouvelle sur la base du droit coutumal, et suspendre le droit de propriété aux mains des détenteurs européens et indigènes, jusqu'après vérification de tous les titres originels, de tous les actes de vente, application de ces titres et actes au sol et attribution à qui de droit.

Cette mesure était draconienne, mais indispensable, et, malgré le nombre des victimes de leur bonne foi, l'Algérie garde reconnaissance à ceux qui ont nettoyé ces écuries d'Augias.

Dans l'*Exposé des motifs du projet de sénatus-consulte,* M. le général Allard rappelle cette situation dans les termes suivants :

« De *grandes difficultés* surgirent à propos de cette nature de terres, les *Melk*, pour la vérification des titres de propriété.

» Une ordonnance du 24 juillet 1846 chercha à apporter quelque régularité dans cette vérification ; mais elle ne fournit qu'un *remède insuffisant*, et on arriva enfin à reconnaître que LA LOI pouvait SEULE, avec autorité, régler une *situation pleine d'incertitudes et de dangers.* »

M. le général Allard a raison : une loi, *une loi eule,* peut régler avec autorité une situation pleine d'incertitudes et de dangers.

Mais cette loi, celle que nous demandons, reste à faire, car la loi de 1851, comme le sénatus-consulte projeté, n'est qu'une loi de principe et non une loi d'application.

Après comme avant la reconnaissance du droit de propriété des indigènes, reste toujours à décider qui, des Coutumes indigènes sur le Melk ou du Code Napoléon, ou de tout autre Code, régira l'exercice du droit de propriété.

La seconde période de liberté laissée à l'échange des Melk entre Européens et indigènes, celle de 1858 à 1859, apporte aussi sa part de lumière dans la question : *pas un Melk n'a été l'objet d'une transaction* (1).

Cependant la loi de 1851 avait été promulguée et devait, d'après l'interprétation de M. Allard, faire disparaître les dangers et les incertitudes de la première période.

Sur les lieux, ceux qui auraient pu acquérir en ont jugé autrement.

Pour eux, la situation était la même qu'en 1830; pour eux, la situation sera encore la même après la promulgation du sénatus-consulte, à moins qu'un article à y ajouter ne fasse connaître quel Code régira la propriété.

En vain M. Allard affirme « que, là où la propriété individuelle sera constituée, *il suffira*, pour qu'elle puisse devenir l'objet de transactions entre Européens et musulmans, DE SE PRÉMUNIR *contre le retour de ventes fictives ou frauduleuses*, telles qu'il

(1) Depuis 1846, les Européens n'achètent plus aux indigènes que des concessions faites par l'État, ou des propriétés dont l'attribution personnelle a été régularisée par l'homologation d'un nouveau titre, avec indication nominative de tous les ayants droit.

s'en est effectué au début de la conquête ; » en vain il donne d'aussi formelles assurances au Sénat, aucun Européen n'achètera de terres aux indigènes, parce qu'il ne peut *se prémunir* contre les dangers signalés, sans connaître le Code qui renferme ces dangers.

Le plus grand péril que court l'acquéreur européen n'est pas dans l'incertitude du titre, mais dans la constitution même de la famille arabe, dans la situation respective des ayants droit à ce que représente le titre. On va le comprendre.

Dans la vie patriarchale des Arabes, le droit d'aînesse existe.

L'aîné, *le plus vieux*, le CHEIKH, est le chef de la famille. Mais il a des frères, des femmes, des enfants, des petits-enfants, des neveux, des petits-neveux, qui relèvent de son autorité de chef de famille.

En vertu du sénatus-consulte proposé à la sanction du Sénat, et conformément aux us et coutumes du pays, le titre de la propriété octroyée sera dressé au nom de l'aîné, tant pour sa part personnelle que pour celle de ses frères, femmes, enfants, neveux, etc., etc.

Rien de grave, jusque-là, si la propriété, comme les anciens *Melk*, devait rester indivisible, inaliénable, incommutable et transmissible seulement par voie d'héritage, dans l'ordre de la primo-géniture, avec réserve des droits à l'usage commun pour tous les membres de la famille.

Mais autre est le but que se propose le projet de sénatus-consulte. On espère que la liberté des transactions, désormais décrétée entre Européens et indigènes, mettra à la disposition de la colonisation les terres dont elle pourra avoir besoin.

Pour qu'il en soit ainsi, il faut que l'Européen achète.

A qui achètera-t-il?

A l'aîné, répondra-t-on.

Mais les droits des tiers : des femmes, dont le contrat de mariage n'est pas connu; des mineurs, que la coutume soustrait à la puissance maternelle pour les placer sous la dépendance des oncles paternels; de tous ceux dont l'état civil n'existe pas, et que le divorce disperse de tous les côtés; des absents, réfugiés au Maroc, à Tunis, en Syrie ou en pèlerinage pour la Mecque; des membres inconnus de la famille, que des témoignages, vrais ou faux, font surgir à chaque instant!

Sans état civil constatant les naissances et les décès, avec le faux témoignage érigé à l'état de profession, avec des kadis ignares ou cupides, la constitution de la famille arabe, véritable bouteille à l'encre, met toujours l'acquéreur européen à la merci de la bonne foi, *fides punica*, du vendeur indigène.

Tant que la famille arabe restera constituée telle qu'elle l'est, aucune transaction immobilière ne peut être certaine avec un de ses membres.

Si la loi française n'était intervenue pour faire obstacle aux revendications des tiers, aucun Européen ne serait aujourd'hui propriétaire des terres achetées et payées sous le régime de la liberté commerciale des Melk.

Près de Miliana, existe un beau et grand domaine (4,000 hectares), reconnu Melk par l'administration.

Le titre est donc certain. Des Européens, à plusieurs reprises, ont voulu l'acheter, et les tenanciers ne demandent qu'à le vendre; mais jusqu'à ce jour les hommes d'affaires les plus habiles ont perdu leur latin en voulant le dégager de tous les obstacles qu'oppose à sa vente l'enchevêtrement des intérêts de tous les ayants droit.

Il en sera de même pour la propriété que nous allons constituer, car la famille arabe est partout dans la même condition; celui-ci a des droits à l'héritage commun : par son père, à 1/9ᵉ; par sa mère, à 1/18ᵉ; par un oncle, à 1/30ᵉ; par une cousine à 1/95ᵉ; celui-là, par sa mère trois fois divorcée, à une part avec ses frères consanguins, et avec les enfants des trois maris de leur mère, dans les héritages de trois familles qui leur sont étrangères; puis il y a les inconnus, ceux que les monstruosités de la science des kadis affirment en concurrence des héritiers du sang.

Dernièrement, le Ministère public, à Alger, considérait comme un triomphe d'avoir fait décider par la Cour impériale, jugeant en appel de sentences de kadis, confirmées par le midjèles, appuyées par les assesseurs musulmans de la Cour, qu'un enfant, né trois ans après la mort du mari de sa mère, n'était ni le fils ni l'héritier de l'époux défunt.

La jurisprudence locale admet qu'un enfant peut dormir pendant vingt ans dans le ventre de sa mère.

L'ignorance la plus crasse n'est que le moindre défaut de pareils magistrats. Le tableau des mutations forcées, dans le personnel judiciaire des tribus, récemment publié par un journal d'Alger, donne le niveau de leur moralité :

Ont été révoqués en 1861 et 1862, savoir : 20 kadis, 15 bach-adel, 12 adel;

Ont dû donner leur démission : 17 kadis, 16 bach-adel, 17 adel.

Non, le législateur ne peut déléguer ni à une semblable magistrature, ni à une loi qui fait naître des héritiers vingt ans après la mort de leur père, l'attribution de statuer sur des intérêts aussi graves que ceux soumis à la haute juridiction du Sénat.

Nous comprenons toute la gravité de la substitution du Code Napoléon au droit coutumier qui régit le *Melk*, car, par la propriété, on touche à la constitution de la famille elle-même, au droit d'aînesse, au droit des oncles, à la puissance paternelle et maternelle, au partage des héritages, à la condition de la femme, etc., etc.

Cependant, nous croyons que, si jamais il y a eu un moment favorable pour espérer le succès d'une pareille réforme, c'est celui où l'État renonce, au profit des tribus, à un droit incontestable de nue propriété sur leurs terres.

Un souverain, quand il octroie une faveur, est toujours libre de dicter les conditions auxquelles on peut en obtenir la jouissance.

En somme, en mettant dans les plateaux d'une balance, d'un côté les avantages, de l'autre les obstacles, on constate qu'il n'y a guère à hésiter.

L'application du Code Napoléon, en tant que limitée à la propriété, ne blesse par aucun côté les bases fondamentales de l'Islamisme. L'application de notre Code criminel, plus grave peut-être au point de vue des principes et de la liberté de conscience, a été acceptée sans aucune observation, on pourrait presque dire sans que les indigènes en aient fait la remarque.

Les avantages sont considérables : l'unité de titres, avec l'unité de législation, sur une matière aussi capitale que la propriété, ne tarderait pas à créer l'unité d'intérêts, et, par ce levier si puissant, à amener une fusion qui serait le couronnement de l'édifice.

Peut-être jugera-t-on plus prudent de se borner à un Code mixte, moitié français, moitié arabe?

A ce sujet, nous ferons remarquer que rien de mixte n'a réussi jusqu'à ce jour en Algérie : ni territoire mixte, ni justice mixte, pas même ce pauvre cantonnement, opération qui se proposait d'être mixte entre les intérêts français et les intérêts arabes.

Quoi qu'il en soit, le sénatus-consulte n'atteint pas le but qu'il se propose, s'il ne décide en même temps quel Code doit être appliqué.

C'est là ce que nous voulions démontrer.

X

LES CAPITULATIONS.

On invoque aujourd'hui la capitulation d'Alger et celles qui ont été ultérieurement acceptées par les tribus, au moment de leur soumission, pour justifier le projet de sénatus-consulte soumis aux délibérations du Sénat.

Sans infirmer les engagements pris dans les diverses capitulations, nous demandons à rétablir la vérité historique.

La capitulation d'Alger ne concernait que les Turcs et les habitants, maures et israélites, de la ville.

Jusque-là, nous n'avions rencontré, en face de nos troupes, que les forces d'un gouvernement régulier, reconnu diplomatiquement par nous; nous avons traité avec ce gouvernement, de sa déchéance, du sort des habitants de la ville, et non de celui de tribus que nous ne connaissions pas même de nom.

La capitulation d'Alger ne peut donc être invoquée dans la cause.

Peu de temps après la reddition d'Alger, et jusqu'en 1837 et 1847, l'Algérie indigène releva de deux gouvernements nationaux : celui du bey Akhmet dans l'est, celui d'Abd-el-Kader dans l'ouest.

En 1837, nous entrâmes dans Constantine par une brèche qui ne laissa pas place à une capitulation.

Plus tard, Akhmet-Bey, après avoir longtemps erré en souverain déchu, se rendit à discrétion; tout au plus a-t-il stipulé quelques conditions personnelles pour le salut de sa tête, de celle des membres de sa famille et de quelques serviteurs restés fidèles à son infortune.

Voilà donc une moitié de l'Algérie qui a accepté notre domination sans capitulation.

Voyons pour l'autre moitié.

En 1833, le général Desmichels, en 1837, le général Bugeaud, agissant tous deux, en vertu de pouvoirs spéciaux, comme mandataires du gouvernement français, ont reconnu Abd-el-Kader en qualité de Suzerain de la France pour les provinces d'Alger et d'Oran.

On sait ce qu'il est advenu de cette reconnaissance : deux traités de paix, suivis de deux ruptures, et la capitulation de la Mlouia, résument les engagements pris par nous, non avec les tribus, mais avec leur souverain.

Abd-el-Kader, comme le bey Akhmet, forcé de se rendre à discrétion, demanda pour lui, sa famille et les débris de ses légions, quelques faveurs qui ont été accordées et dont l'octroi a été plus tard réalisé.

Alors l'Algérie entière, moins la Kabylie, était soumise à nos lois, et aucune capitulation générale ne contenait d'engagements de la part du gouvernement vis-à-vis des tribus.

En ce qui concerne ces petites nationalités, voici ce qui s'est passé.

Chacune d'elles a voulu avoir son jour d'échange de poudre et de balles contre nos colonnes, souvent pour conserver sa réputation de bravoure, le plus souvent dans le fol espoir de nous battre.

Après chaque défaite, les marabouts sont venus nous demander l'*aman*, c'est-à-dire le *pardon*. On le leur a accordé, sans autre condition que celle d'une promesse, de leur part, de ne plus recommencer.

Toutes, à peu près sans exception, ont oublié l'engagement pris, et il a fallu, après de nouveaux combats, pour venger souvent de sanglantes trahisons, leur *pardonner* une seconde, une troisième, une quatrième fois.

Telle est la plus scrupuleuse vérité sur les engagements contractés au nom de la France vis-à-vis des tribus.

Et quels autres engagements aurions-nous pu prendre envers des gens qui tenaient à honneur de n'en respecter aucun?

Si le gouvernement veut bien aujourd'hui considérer comme engagements solennels les sentiments de pitié, de commisération, de désir de relever de son abjection une race déchue, sentiments qui étaient, *in petto*, dans le cœur de nos généraux, de nos commandants de colonnes, chaque fois qu'ils accordaient le pardon à de malheureux égarés, nous applaudirons des deux mains à cette décision et, nous sommes certain que la colonie entière applaudira avec nous. Mais nous ne pouvons nous empêcher de nous rappeler que des engagements plus solennels ont été pris envers les colons, que l'on a conviés à venir féconder *une terre à jamais française*, à prendre une part active à la *fondation d'un vaste royaume*, *à assimiler à la France*; nous ne pouvons nous défendre d'un sentiment pénible en constatant la générosité dont on fait preuve envers les Arabes et la sévérité dont on accable de malheureux colons, qui ploient sous le poids du fardeau.

Disons encore toute notre pensée à cet égard :

Si nous regrettons de voir le gouvernement s'engager dans une voie que nous croyons dangereuse, nous le comprenons cependant, car tous ses actes indiquent qu'après avoir longtemps et vainement cherché une autre solution, il n'a adopté celle d'un royaume arabe que convaincu de la *négation humiliante* de la colonisation.

Des brochures, émanées de l'Algérie, d'hommes qu'on peut croire compétents et désintéressés dans la question, l'affirment et le démontrent par des arguments captieux.

Les documents officiels, incomplets, mal interprétés, semblent donner raison aux adversaires de la colonisation.

Enfin, et pour combler la mesure, des organes importants de la publicité quotidienne, le *Siècle* et les *Débats*, viennent nonseulement dire *amen*, mais encore accabler les colons du poids de leur autorité.

Le *Siècle* revendique l'honneur d'avoir signalé, depuis longtemps, l'inculture des terres concédées aux colons, et celui non moins grand d'avoir combattu énergiquement, il y a deux ans, le projet de cantonnement, parce qu'il violait les engagements pris, parce qu'il spoliait les Arabes, au profit des colons, de terres dont nous devions respecter la possession.

Faut-il qu'après avoir repoussé les accusations dont les colons sont l'objet, nous défendions aussi les auteurs du projet de cantonnement, ses partisans, ceux qui l'ont appliqué, des reproches qui leur sont adressés ?

Pour cela, nous nous bornerons à invoquer le témoignage de l'*Exposé des motifs du projet de sénatus-consulte*, en le complétant toutefois. Voici ce que dit cet *Exposé* :

« Dans les six dernières années, les commissions de cantonnement qui ont fonctionné dans les trois provinces ont abouti à cantonner 16 tribus, présentant ensemble une population de 56,489 âmes, et occupant des territoires d'une étendue totale de 343,387 hectares.

» Ces territoires ont été réduits à 282,024 hectares, ce qui laissait en moyenne 5 hectares par individu, ou 25 hectares par famille, et l'administration française s'est réservé 61,633 hectares, soit un cinquième à un sixième des territoires primitifs. »

Ce que nous avons à ajouter se résume en cette simple observation : *Les* 343,387 *hectares sur lesquels on a opéré le cantonnement étaient, en très grande majorité, sinon en totalité, des* TERRES DOMANIALES *au titre* MAGHZEN *et* AZEL.

La spoliation consiste donc en un cadeau de 282,024 hectares fait à des gens qui, sans doute, avaient droit à notre sollicitude, mais pas à autre chose.

Laissons donc de côté les grands mots, les beaux sentiments, et bornons-nous à rendre justice à qui de droit. Jamais peuple n'a été plus libéral que nous envers des vaincus, et chaque fois que la France s'est montrée généreuse envers les Arabes, les colons ont été les premiers à applaudir, quand ils n'ont pas eux-mêmes sollicité les faveurs dont ont les a comblés.

La réaction contre la colonisation de l'Algérie qui se produit en ce moment ne nous étonne ni ne nous décourage.

L'épreuve nouvelle, après tant d'autres, que l'Algérie traverse, agira comme la trempe sur les métaux : elle lui donnera plus de force pour s'affirmer elle-même et pour elle-même.

XI

CONCLUSIONS GÉNÉRALES.

Ense et aratro.

MARÉCHAL BUGEAUD.

Si le projet de sénatus-consulte soumis aux délibérations du Sénat portait en sous-titre ces mots : RELATIF A LA CONSERVATION DE L'ALGÉRIE, au lieu de ceux-ci : *relatif à la constitution de la propriété en Algérie, dans les territoires occupés par les Arabes*, probablement l'attention publique serait plus vivement excitée ; cependant, le sentiment général des masses en Algérie, chez les Européens comme chez les indigènes, est que le sénatus-consulte va décider de la CONSERVATION même de la conquête, et, nous l'avouerons, nous ne sommes pas sans partager cette crainte.

Voici sur quels motifs repose le sentiment public.

Les Arabes et les Berbères constituent deux races

éminemment guerrières, aujourd'hui soumises et pacifiées, parce que vingt années de lutte leur ont démontré leur impuissance à nous rejeter à la mer; aujourd'hui, elles sont dociles à notre domination, parce qu'elles nous sentent forts en Algérie, en France et en Europe ; mais en sera-t-il toujours de même? Ne pouvons-nous pas être engagés, un jour, dans une grande guerre européenne, qui réclame toutes nos troupes sur le continent, et laisse la colonie à la discrétion de l'ennemi du dedans et du dehors? La prudence la plus vulgaire nous fait un devoir de songer à cette éventualité.

On espère, il est vrai, par la grande libéralité que le sénatus-consulte confirme, rallier les indigènes à notre cause, et en faire, au besoin, les défenseurs de notre drapeau, s'il était menacé; mais si c'était une illusion?

Les musulmans sont les hommes les plus orgueilleux du monde, et ils puisent leur orgueil à la source la plus pure : *leur religion leur enseigne que, seuls, ils possèdent la vraie lumière, et que les Arabes sont les enfants chéris de Dieu.* La maladie de l'orgueil est donc incurable chez eux, conséquemment ils n'oublieront jamais ni la honte de leurs anciennes défaites, ni l'humiliation de la soumission présente à une domination étrangère.

Le Coran leur apprend que Dieu peut les soumettre à des épreuves, mais que tôt ou tard, *si Dieu le veut,* ils triompheront de leurs ennemis, si puissants qu'ils soient. Les marabouts ne cessent de les entretenir de la venue prochaine du *maître de l'heure,* ce fameux *moul-Saâ* qui doit nous expulser du pays.

Le Coran (1) leur enseigne que les infidèles pourront les éblouir par l'éclat de leur grandeur, par la générosité de leurs actes, par la libéralité de leurs concessions, mais qu'ils doivent résister à toutes ces séductions, parce que, tantôt c'est Dieu qui veut éprouver leur foi, tantôt c'est le Diable qui tend des piéges à leur crédulité.

Pour apprécier comme il convient ce que nous avons à craindre ou à espérer des indigènes, il faut avoir vécu dans leur intimité et avoir mérité leur confiance.

Médecin, nous leur avons rendu de grands services; leur reconnaissance nous fut acquise parce que, disaient-ils, nous devions être musulman sans le savoir. Leur orgueil exigeait cette concession.

Mais voici le suprême du genre : nous en recommandons la méditation à tous les hommes graves.

Pourquoi la France, pourquoi l'Angleterre, pourquoi le Piémont, puissances chrétiennes, ont-elles défendu la Turquie, puissance musulmane, contre la Russie, dans la guerre de Crimée?

Parce que la France est suzeraine de la Sublime-Porte, par l'occupation de l'Algérie, terre de l'Islam;

Parce que la Grande-Bretagne est suzeraine du Grand-Sultan, par ses possessions de l'Inde, autre terre de l'Islam;

Parce que le Roi de Piémont est en même temps

(1) Voir la *deuxième Surate*, intitulée *la Vache*, que devraient savoir par cœur tous ceux qui s'occupent des questions orientales.

roi, *in partibus infidelium*, de Chypre et de Jérusalem.

Ainsi, les trois grandes puissances occidentales sont allées, à titre de vassales, défendre la Turquie, comme la Tunisie et l'Égypte.

Et, en Algérie, il n'est pas un musulman qui ne soit convaincu de l'exactitude de cette version.

Quand est arrivée, à Alger, la lettre de S. M. l'Empereur au duc de Malakof, l'orgueil musulman a attribué à des ordres du sultan de Constantinople les libéralités de cette lettre.

Les expressions de « *droits despotiques du Grand-Turc* » et de « *principes surannés du mahométisme* » par lesquelles l'Empereur refuse l'héritage de ses devanciers, ont été accueillies comme un témoignage de mauvaise humeur et de contrariété d'être obligé de se soumettre à des ordres venus d'une autorité supérieure. Le respect accordé aux droits du Grand-Turc et aux principes du mahométisme ne permettait pas d'autre interprétation.

Maintenant, si nous enclavons un peuple aussi ignorant, aussi différent de nous par sa religion, aussi réfractaire à une domination étrangère, entre le Maroc, où règne le plus ardent fanatisme, où l'Empereur lui-même n'exerce aucune autorité sur ses sujets, et Tunis où le bey est obligé de prélever les impôts les armes à la main et de tolérer l'indépendance de quelques tribus au milieu de ses Etats, ne sommes-nous pas autorisé à redouter quelque conflagration chez nos voisins et son extension en Algérie ?

L'histoire des douze derniers siècles nous montre à chaque instant des commotions politiques embrassant toute la péninsule barbaresque : Maroc, Alger, Tunis.

Qu'un soulèvement général soit provoqué par une puissance européenne fournissant subsides, armes, munitions — cela s'est vu ; — que ce soulèvement vienne en aide à une attaque maritime, la conservation de notre conquête est d'autant plus compromise que nous avons appris aux indigènes algériens à faire la guerre, que nous avons dressé des chefs pour l'insurrection en appelant les tirailleurs à prendre une belle place dans l'assaut de Malakof, dans les grandes batailles de Magenta et de Solférino.

La révolte de l'Inde est une leçon qui ne doit pas être oubliée ; encore moins devons-nous oublier que les Algériens ne sont pas des Indiens.

Cent mille hommes, vingt années, l'élite de nos généraux, deux milliards, ont été nécessaires pour soumettre la moitié de l'Algérie, car ni la province de Constantine, ni la Kabylie, ni le Sahara, n'ont soutenu Abd-el-Kader dans sa lutte contre nos armées.

Donc, après la question de la conquête, la première qui se pose est celle de la conservation de cette conquête, avant la question de la propriété indigène, avant la question d'une constitution commune aux indigènes et aux Européens.

Grâce à Dieu ! sur ce point capital, nous n'avons pas à émettre une opinion qui soit nôtre, conséquemment discutable, contestable. Nous avons seulement à rappeler celle des deux plus grands capitaines des temps modernes, tous deux hommes d'Etat en même temps que grands généraux, tous deux ayant passé une grande partie de leur vie en Algérie, tous deux l'ayant gouvernée. On sait déjà qui nous allons nommer : le maréchal Bugeaud, duc d'Isly; le maréchal Pélissier, duc de Malakof.

La devise du maréchal Bugeaud : *Ense et aratro, conquête par l'épée,* CONSERVATION PAR LA CHARRUE, assigne à l'armée et à la colonisation leur rôle dans la grande œuvre commencée il y a trente-trois ans.

Le maréchal Bugeaud alla plus loin : à côté de la colonisation civile il voulait la colonisation militaire, occupant des positions stratégiques choisies par lui.

L'opinion du maréchal Pélissier, déjà citée, est aussi nette :

« Tout, dit-il, en réponse aux objections des anti-» colonisateurs, tout nous COMMANDE *de fixer en Al-» gérie une population européenne nombreuse et forte,* » d'abord pour transformer le sol, ensuite POUR LE » CONSERVER. — L'effectif de l'armée ne pourra tou-» jours être maintenu à son chiffre actuel. Il faut » prévoir le jour où il aura diminué, et *mettre dès » lors nos établissements en état de se défendre eux-» mêmes, aussi bien contre des attaques extérieures » que contre des soulèvements intérieurs.* »

Le maréchal Pélissier n'admet pas que la colonisation soit facultative : *la conservation de l'Algérie la* COMMANDE.

Comme le maréchal Bugeaud, il la veut dans des positions où elle soit en état de se défendre.

L'opinion de ces deux hommes est la même : *conservation par la colonisation agricole,* ASSISE DANS DES LIEUX D'ÉLECTION et non au hasard de la domanialité des terres, non au caprice des ventes consenties par les Arabes.

Le maréchal Bugeaud — est-il nécessaire de le dire? — est l'homme populaire de l'Algérie, il y a sa statue érigée par la reconnaissance des colons. Le fameux :

> As-tu vu la casquette,
> La casquette,
> As-tu vu la casquette
> Du père Bugeaud?

est encore et sera toujours le chant des bivouacs et des fêtes coloniales.

Le maréchal Pélissier est non moins aimé et la colonisation place en lui toutes espérances.

On ne sera donc pas étonné de nous voir prendre notre point d'appui sur ces deux autorités compétentes.

Jusqu'à ce jour on a assis la colonisation, comme il a été dit plus haut, au hasard de la domanialité des terres, ce qui lui avait valu, dans les anciennes chambres parlementaires, la qualification de : *colonisation disséminée, éparpillée.*

Il y a au Sénat beaucoup de généraux connaissant l'Algérie; il n'en est peut-être pas un qui oserait prendre l'engagement, avec 60,000 hommes, de protéger efficacement tant d'établissements (330 villages et 2,500 fermes au moins) au cas d'une iusurrection générale du pays.

Si le *sauve-qui-peut* de 1839 n'est plus à craindre, du moins beaucoup de sinistres, comme celui de l'établissement Bock et Delacroix, en 1860, sur l'Oued-el-Kebir (Kabylie orientale), seraient à redouter.

Continuera-t-on à suivre les errements actuels?

Tous les gouverneurs généraux qui ont patronné le projet de cantonnement se proposaient de rendre disponible pour la colonisation une zone de terres sur la ligne centrale du Tell, de chaque côté du réseau du chemin de fer décrété, concédé, zone qui a été la base de l'occupation turque et de la domination romaine, et dans laquelle la terre est d'origine *Maghzen*.

Si ce projet, aussi éminemment politique que sage et juste, au point de vue du respect du droit des indigènes, avait été mis à exécution, tous nos établissements se fussent appuyés les uns sur les autres, avec une voie de communication accélérée pour leur défense mutuelle, et les tribus du Tell, coupées en deux grandes sections, l'une au nord, l'autre au sud, eussent été maintenues en respect, par la crainte de se voir tournées et prises entre deux feux. Alors, la colonisation eût été, sinon inattaquable, du moins en état de se défendre, surtout avec la race d'hommes énergiques qui constituent aujourd'hui la population coloniale de l'Algérie.

Mais avec l'abandon du projet de cantonnement, ce plan d'assiette de la colonisation devient irréalisable ; avec le projet de sénatus-consulte soumis aux délibérations du Sénat, la colonisation est abandonnée à la discrétion des indigènes; elle est fatalement condamnée, si elle ne s'arrête pas dans son développement, à se disséminer, à s'éparpiller de plus en plus, et à devenir, par la suite, impossible à défendre, en cas d'insurrection.

La dispersion des colons sur tous les lots qui pourront être achetés aux indigènes, crée encore d'autres obstacles à l'introduction de l'élément européen dans le pays. Avec la dispersion, tout ce qui constitue la vie de l'homme civilisé devient impossible : plus d'écoles, plus d'églises, plus de routes, plus de police rurale, plus de tournées protectrices de la gendarmerie, plus de service postal; éloignement du prêtre, du médecin, du maire, du notaire, du juge, etc. Au lieu de tous les avantages de la colonisation concentrée, on a l'isolement au milieu de la barbarie. Il faut, comme nous, avoir fait de la colonisation pendant huit ans, au milieu des indigènes, à quatre lieues de tout centre de population européenne, pour savoir quel avenir est réservé aux colons isolés.

Non, la colonisation de l'Algérie, et par elle la conservation d'une belle conquête, ne peut être livrée à tant d'incertitudes.

Avant d'aller plus loin, surtout avant de statuer sur l'attribution du sol, il y a à dresser le plan général de la colonisation du pays, car on ne fait rien de bien, même une simple maison, sans un plan.

Le plan de l'occupation coloniale, comme celui de l'occupation militaire, doit dès aujourd'hui être dressé en vue de la conservation de la conquête, comme voudrait qu'elle fût établie le général qui, dans vingt-cinq ans peut-être, sera appelé à la défendre.

Quand ce plan sera dressé, conformément aux règles générales de la stratégie défensive; quand on aura déterminé le nombre de colons nécessaire pour équilibrer la force des indigènes; quand on aura déduit du nombre de colons la quantité de terres nécessaire à leur existence; quand on aura, soit par la domanialité, soit par l'expropriation, assuré le lot de la colonisation, alors le projet de sénatus-consulte non-seulement peut être voté sans inconvénient, mais devient un acte de haute justice et un bienfait général pour le pays. Agir autrement, c'est mettre la charrue avant les bœufs.

Trois actes du gouvernement doivent être proclamés simultanément et dans l'ordre suivant : le plan général de la colonisation, la constitution politique du pays, la constitution de la propriété.

Étudier ces questions isolément, commencer par la dernière sans savoir quelle solution pourra être donnée aux deux autres, c'est s'exposer à être forcé de revenir sur ce qui aura été décrété, à créer de nouvelles agitations, à compromettre de nouveaux intérêts.

Au nom de l'intérêt capital de la conservation de l'Algérie, nous demandons que le plan de l'occupation coloniale soit d'abord dressé, en vue de LA CONSERVATION DE LA COLONIE.

XII

CONCLUSION SPÉCIALE.

« L'Algérie n'est pas connue en France. »

Le sénateur, général DAUMAS.

L'Algérie n'est pas connue en France. Nul n'avait plus d'autorité pour le dire que le général Daumas.

A l'appui de l'opinion de l'honorable sénateur, nous invoquons l'incertitude dans laquelle, sur chaque question, l'étude même des documents officiels laisse quiconque les interroge.

Pour le commerce, il y a une différence de cent millions entre les chiffres du gouvernement général de l'Algérie et ceux du ministère des finances.

On ne sait pas quel est le chiffre des terres

concédées : les estimations varient de 200,000 à 500,000 hectares.

Même incertitude sur la situation des cultures européennes et le nombre d'habitants adonnés à l'agriculture.

Selon les uns, la terre manque à la colonisation; selon d'autres, les colons ont de quoi exercer leur très lente activité pendant longtemps.

On ignore combien de terres domaniales restent à la disposition de l'Etat, où elles sont situées, si elles sont disponibles.

La terre Maghzen est-elle ou non comprise dans les ressources domaniales à affecter ultérieurement à la colonisation?

Les broussailles, par assimilation aux forêts, sont-elles considérées comme appartenant à l'Etat ou comme devant être délaissées aux tribus, en vertu de la jouissance traditionnelle? Nul ne le sait.

Y a-t-il ou n'y a-t-il pas un Code de la propriété indigène? quel est ce Code? Doit-on le rejeter ou le maintenir? Même incertitude.

Aucun des membres du gouvernement général de l'Algérie, ni le maréchal duc de Malakof, vice-président du Sénat, ni M. Mercier-Lacombe, directeur général des affaires civiles, conseiller d'Etat, ne sont à Paris.

Peut-être, les documents demandés en Algérie, pour éclairer la discussion du Sénat, ou ne sont pas arrivés ou sont incomplets, en raison du peu de temps accordé pour leur recherche.

En pareille situation, le législateur ne doit-il pas se demander s'il est assez éclairé pour juger en connaissance de cause sur une question qui engage à ce point l'avenir?

Faire une enquête sur place, à Paris, ne servirait qu'à accroître le chaos.

En 1846, M. Guizot, cherchant aussi une solution à la question de l'Algérie, afin de définir le rôle de la France en Afrique, après avoir interrogé tous ceux qu'il croyait aptes à l'éclairer, en était arrivé à douter de l'existence même de l'Algérie, tant les renseignements donnés étaient contradictoires.

Un précédent indique la marche à suivre :

En 1834, le gouvernement de Louis-Philippe, ne sachant quel parti prendre à l'égard de l'Algérie, s'il convenait de la conserver ou de l'abandonner, s'il y avait lieu de limiter l'occupation à quelques points du littoral ou à poursuivre la conquête totale du pays, envoya sur les lieux une haute commission de pairs de France, de conseillers d'État, de députés, chargée d'étudier sur les lieux tous les points obscurs de la situation.

On se demande s'il n'y aurait pas lieu aujourd'hui à imiter ce sage exemple.

De 1834 à 1863, l'Algérie a coûté à l'État cent mille hommes et deux milliards; les colons aussi savent ce que leur coûte, en hommes et en argent, les établissements qu'ils y ont fondés. La France est donc plus engagée dans la question aujourd'hui qu'en 1834. Avant de prendre une résolution qui touche à la question de conservation elle-même, une enquête nouvelle semble indispensable.

Par tous ces motifs, tant en notre nom personnel qu'au nom de tous ceux qui, sur la foi des appels de l'administration, ont engagé, en Algérie, leur vie, leur fortune, celle de leur famille, nous supplions le Sénat, tout en respectant l'engagement pris envers les indigènes par S. M. l'Empereur, dans sa lettre à M. le maréchal duc de Malakof, en le confirmant en principe, si cela est nécessaire, de vouloir bien se joindre à nous pour obtenir un ajournement à un an, à l'effet de plus ample informé, et de proposer la nomination d'une haute commission qui se rendrait sur les lieux, pour y étudier le plan général de la colonisation et les bases d'une double constitution politique et territoriale.

A. WARNIER.

NOTES JUSTIFICATIVES

TÉMOIGNAGE DES BONS RAPPORTS ENTRE LES INDIGÈNES ET LES COLONS.

On lit dans le *Moniteur algérien* du 10 mars 1863 :

Le nommé Barthélemy Peyré, fermier, demeurant à la Rassauta, quartier de la Maison-Blanche, au haouch-Ben-Brahim, avait à son service, depuis de longues années, un indigène nommé Mohamed-ben-Kaddour, qui lui témoignait un grand dévouement et qui, travailleur énergique et intelligent, apportait à l'exploitation tout son concours.

Aussi, Mohamed était-il traité avec des égards dont, en toute occasion, il se montra profondément reconnaissant, et bien souvent il avait manifesté, soit devant les Européens de la ferme, soit devant ses coreligionnaires, l'intention de laisser, à sa mort, tout ce qu'il possédait au fermier Barthélemy.

Après une maladie, pour la guérison de laquelle les soins de Barthélemy demeurèrent infructueux, ce dernier, pour le soustraire au milieu dans lequel il avait contracté la fièvre et le soumettre à un traitement méthodique et suivi, dut le conduire à l'hôpital civil de Mustapha, où il est décédé.

Quelques heures avant sa mort, Mohamed-ben-Kaddour témoignait encore à Barthélemy sa reconnaissance et son attachement ; en même temps, il lui rappelait qu'il l'avait désigné pour son légataire universel et lui remettait un récépissé constatant le dépôt qu'il avait fait à la *Banque* (c'est ainsi qu'il désignait la *Caisse d'épargne*) de toutes les économies qu'il avait réalisées sur ses gages.

Nous publions ce fait sans commentaire, et nous nous bornons à reproduire ci-après les termes de l'acte dressé par le kadi de la plaine, et desquels il résulte que quatre musulmans domiciliés dans le voisinage, gens connus et honorables, ont comparu devant lui à l'effet de constater que Mohamed-ben-Kaddour avait invoqué leur témoignage pour établir ses dernières volontés en faveur du colon français.

Voici le texte de cet acte :

« Louange à Dieu !

» Au tribunal de la justice du marché de l'Arba, siégé par son kadi actuel, qui est : Sidi-ben-Youssef-ben-Ahmed,

» Ont comparu les honorables personnes, qui sont :

» 1° Emhammed-ben-Saoud-el-Tounsi, demeurant sur le haouch-ben-Nassaf ;

» 2° Saïd-ben-Abd-el-Kader, demeurant sur le haouch-Ouled-Ibrahim ;

» 3° Chïankh-ben-Ibrahim-ben-Chahlath, demeurant sur le haouch-ben-Nassaf ;

» Et 4° Saïd-Djama-ben-Sohba, du haouch-ben-Ibrahim ;

» Lesquels ont fait la déposition suivante :

« Que le nommé Mohamed-ben-Kaddour-el-M'gharbi, em-
» ployé dans le haouch-ben-Brahim, sur le district du Kra-
» chena, les a pris en témoignage de ce que, venant à mourir,
» il voulait que les espèces qu'il possède, soit à la *Banque* ou
» ailleurs, ainsi que tout autre bien lui appartenant, *deviennent*
» *la propriété du Français* BARTHÉLEMY, demeurant sur le
» haouch-ben-Brahim (khachena), car, ajoutait-il, *cet homme*
» *était* SON PÈRE, SON FRÈRE *et son héritier.* »

» Tels sont les faits à leur connaissance, sans qu'ils en aient ombre de doute. C'est pourquoi nous avons pris note de leur témoignage y étant requis. A la date des 29 de hadja pour la déposition, et 4 de moharrem 1279 pour la délivrance du présent (25 juin et 1er juillet 1862).

» *Signé :* EL-AARBI et ABD-EL-RAHMEN.

» Et plus bas :

» *Signé* : BEN-YOUSSEF-BEN-AHMED.

» Pour traduction conforme à l'original,

» J. ATTARD.

» Enregistré à Alger, etc. »

Nous le demanderons à tout homme impartial : y a-t-il en France, entre individus de même sang, de même nationalité, de même religion, beaucoup de serviteurs qui testent en faveur de leurs maîtres?

Dans un discours récemment prononcé dans une réunion solennelle, M. le baron de Vialar, après avoir cité plusieurs faits personnels, attestant les meilleurs rapports avec ses fermiers indigènes, produisit comme une nouvelle preuve de la confiance des Arabes en la loyauté des colons, le témoignage d'un ancien agha des Beni-Djad, aujourd'hui en Syrie, qui venait de lui envoyer une procuration générale à l'effet de vendre ses propriétés.

Combien d'autres exemples pourrait-on citer? Presque tous les *berranis* (étrangers indigènes) ont leurs économies confiées, sans reçus, aux mains des Européens. Presque tous les indigènes riches ont pour gérants de leurs intérêts des Français, auxquels ils accordent une confiance illimitée.

EXEMPLE

DE DIVISION DES DROITS DANS LA FAMILLE.

—

Obstacle aux transactions.

Le titre qui suit est un de ceux qui ont été délivrés aux indigènes à la suite des opérations de la Commission des transactions et partages.

NAPOLÉON III, Empereur des Français, par la grâce de Dieu et la volonté nationale ;

Nous, Lautour-Mézeray, préfet du département d'Alger, officier de l'ordre impérial de la Légion d'honneur, etc.;

Vu le décret du 26 avril 1851 et les ordonnances des 21 juillet 1845, 5 juillet et 1er septembre 1847 ;

Vu le rapport de la commission des transactions et partages, en ce qui concerne le haouch-Ouled-Chebel, Ouled-Mhamed et Khodam (beni Khelil) ;

Vu l'état de répartition des portions dudit haouch ;

Vu la décision de M. le Gouverneur général ;

Sur l'avis du Conseil de préfecture,

Déclarons qu'il est fait concession définitive à Madjoub-ben-

Bou-Hadja-ben-Admed-ben-Kirari.................. 1260/23100
Ali, son frère.................................. 1260/23100
Achour, son frère............................... 1260/23100
Embarek, son frère.............................. 1260/23100
Abd-el-Kader, son frère......................... 1260/23100
Hasseni-bent-Boutrif, leur mère................. 1275/23100
Mohamed-ben-Bou-Adja, leur frère consanguin..... 1260/23100
Abd-el-Kader-ben-Bel-Asfar...................... 350/23100
Fathma-bent-Bel-Asfar........................... 175/23100
Mohamed-ben-Achour-ben-Ahmed-ben-Kirari....... 3744/23100
Mohamed, son frère.............................. 3744/23100
Fathma, leur sœur............................... 1872/23100
Et Fathma-bent-Ahmed-ben-Kirari, leur tante...... 4680/23100

De 5h 22a 20c à prendre sur le territoire des Ouled-Chebel, dans les Beni-Khelil, et formant les nos 124, 175, 243, 244, 245 et 272 du plan.

Nous le demandons : quel géomètre pourrait appliquer ce titre au sol ? La somme à dépenser ne dépasserait-elle pas la valeur de la terre, quelle qu'elle soit?

NON-ENREGISTREMENT DES ACTES DES KADIS

Voici une des conséquences les plus graves du régime légal actuel de la propriété indigène :

Les actes des kadis ne sont pas soumis à la formalité de la transcription, puisque notre régime hypothécaire ne s'applique pas aux musulmans. Pourtant, ils ont force d'actes authentiques à l'égard des tiers, même européens.

Il suit de là qu'un acquéreur européen ou israélite indigène qui aura acheté un immeuble à un musulman par acte devant notaire, et qui aura payé le prix après l'accomplissement rigoureux de toutes les formalités édictées par la loi française, sera pourtant exposé à une action en éviction ou hypothécaire de la part de tiers.

En effet, il peut arriver que le vendeur musulman avait déjà aliéné le même immeuble en faveur d'un de ses coreligionnaires, par acte devant le kadi ; que, colludant avec cet acquéreur ou par le fait de la négligence de celui-ci, il ait gardé par devers lui les titres originaires de propriété qui lui auront servi à opérer la vente en faveur de l'Européen ; ce tiers-acquéreur musulman sera fondé, armé de son titre, à faire évincer le second acquéreur, qui se trouvera ainsi placé en face d'un stellionataire souvent insolvable.

Il peut arriver encore que l'acquéreur musulman aura grevé l'immeuble d'hypothèques conventionnelles ou judiciaires dont rien, pourtant, n'aura pu révéler l'existence au second acquéreur européen ; celui-ci aura payé le prix sur la foi du certificat négatif d'inscription relevé contre son vendeur, et, néanmoins, les créanciers hypothécaires du premier acquéreur musulman auront le droit incontestable de le forcer à les payer ou à délaisser l'immeuble.

Ces faits sont déjà consacrés par la jurisprudence des tribunaux de l'Algérie, obligés d'appliquer la législation existante, tout en déplorant les abus qu'elle engendre.

Le conseil général du département de Constantine a émis le vœu que les musulmans soient soumis à notre régime hypothécaire comme condition indispensable à la sécurité des transactions immobilières entre indigènes et Européens.

MARCEL LUCET,

Avocat, président du Comice agricole de Constantine et délégué de l'Algérie.

Nous ajouterons que l'indigène peut vendre partout où il se trouve, sans qu'il soit besoin de donner connaissance de la vente au kadi de la localité où est situé l'immeuble.

NOMS DES INDIGÈNES

Sans état civil, quel nom peut porter un indigène? Au point de vue légal, aucun. La notoriété publique leur en donne quelquefois dix, mais aucun de ces dix noms ne représente ni un nom de famille, ni des prénoms distinctifs entre enfants d'un même père.

Les historiens arabes, quand ils ont besoin de préciser un nom, consacrent souvent cinq et six lignes à l'énumération des ancêtres, de père en fils, pour arriver à constater l'idendité de l'individu dont ils parlent.

Mais dans la vie ordinaire, quand un homme s'appelle Mohammed, fils de Mohammed, ou l'Arabe, fils d'Arabe, et quand, dans la même tribu, il y en a dix, vingt, trente qui portent les mêmes noms, on les distingue par des sobriquets qui varient d'année en année.

Entre Arabes, cette confusion de noms n'a pas grande importance, car tous se connaissent et le témoignage vient, au besoin, suppléer à l'incertitude des dénominations. Mais, entre Arabe et Européen, il n'en est plus de même, le témoignage, s'il est invoqué, tourne toujours au préjudice de l'Européen.

Dans cette situation, une transaction est toujours pleine de périls.

NOTE SUR LES CHIFFRES

Tous les chiffres cités dans ce travail sont extraits des divers *Tableaux de la situation de l'Algérie*.

En les groupant dans un ordre méthodique, qui n'est pas celui des Tableaux, nous n'avons eu d'autre but que celui d'épargner au lecteur des détails auxquels il n'eût rien compris, car pour lire avec fruit les documents publiés par l'administration de l'Algérie, il faut y consacrer beaucoup de temps et surtout être initié à toutes les obscurités de la vie algérienne.

TABLE DES MATIÈRES.

PARIS. — IMPRIMERIE DE DUBUISSON ET Cᵒ, RUE COQ-HÉRON, 5.

www.ingramcontent.com/pod-product-compliance
Ingram Content Group UK Ltd.
Pitfield, Milton Keynes, MK11 3LW, UK
UKHW021044200726
13857UKWH00003B/804